Brauseboys

AUF NIMMERWIEDERSEHEN 2022

BRAUSEBOYS

AUF NIMMER WIEDERSEHEN 2022

THILO BOCK
ROBERT RESCUE
FRANK SORGE
VOLKER SURMANN
HEIKO WERNING

EIN JAHR WIRD VERSPIELT

SATYR
VERLAG

WWW.BRAUSEBOYS.DE
FACEBOOK: BRAUSEBOYS
INSTAGRAM: BRAUSEBOYS
YOUTUBE: BRAUSEBOYSTV

1. Auflage Dezember 2022

Eine Produktion der © Brauseboys | www.brauseboys.de
im Satyr Verlag Volker Surmann, Berlin 2022
www.satyr-verlag.de

Covermontage: Brauseboys
Druck und Bindung: AALEXX Druck Produktion, Großburgwedel

Die Deutsche Nationalbibliothek verzeichnet diese Publikation in der Deutschen Nationalbibliografie; detaillierte bibliografische Daten sind im Internet
abrufbar über: http://dnb.d-nb.de

Die Marke »Satyr Verlag« ist eingetragen auf den Verlagsgründer Peter Maassen.

ISBN: 978-3-947106-55-4

INHALT

DAS ENDE DER PANDEMIE

DEZEMBER 2021 – 23. FEBRUAR 2022

WIE BOLLE

Frank Sorge

Meine Frau kommt mit unserem Sohn vom Messegelände zurück, er präsentiert stolz seinen Oberarm mit dem winzigen Pflaster. Ich könnte behaupten, es wäre ein Dinosaurierpflaster, aber es ist ein normales, hellbraunes, total erwachsenes Pflaster.

Eines der Wörter, mit denen ich schon immer wenig anfangen konnte, ist Stolz. Ich kann es für mich annehmen, natürlich habe ich meinen Stolz, aber schon ein paar Schritte weiter, wenn es um das Stolzieren geht, oder irgendeinen Meta-Stolz auf historische Zusammenhänge, da gehe ich nicht mehr mit.

Jetzt aber bin ich sehr stolz auf meinen sechsjährigen Sohn. Stolz wie Bolle, und ich muss das nicht verstecken. Ich kann es ihm sagen, ich kann ihn mit Lob und Liebe überschütten, dafür, dass er diesen Gang gemacht hat.

Wochenlang hatte er uns schon in den Ohren gelegen: »Wann können Kinder geimpft werden?« – »Gibt es schon einen Impftermin für Kinder?« – »Können wir heute zur Impfung?«

Ich hatte ihm erzählt, dass Impfteams in die Schulen geschickt werden, aber das könne noch dauern bis Weihnachten. Darauf fragte er täglich, wann es endlich so weit wäre. Es dauere noch, mussten wir Eltern eingestehen. Ihm aber dauerte es zu lang, wir sollten einen anderen Termin suchen. Seine Zwillingsschwester hingegen wollte nicht vor Weihnachten geimpft werden. Wir wissen nicht, was sie dabei beschäftigt. Es ist wohl keine grundsätzliche Ablehnung, eher unbestimmte Ängste. Sie braucht Zeit. So unterschiedlich können Menschen sein, die so viel teilen.

Die Nacht zuvor hatte ich noch den aktuellen NDR-Podcast zum Thema Kinderimpfung gehört. Es gibt bereits mehr als 100 Folgen, kaum eine davon weniger als eine Stunde lang. Ich hatte sie alle gehört, ausnahmslos. Und diese 150 Stunden waren nicht die schlechtesten meines Lebens. Ich war immer aufmerksam, ich fühlte mich danach sorgfältig informiert, ohne mich dabei beängstigt, schockiert oder provoziert gefühlt zu haben, wie sonst oft in der Medienwelt, die mit ihren Sensationen um meine Aufmerksamkeit buhlt. Das hatte dieser Podcast nie nötig. Ich hörte ihn, weil er so wertvoll war.

Mittlerweile tue ich mich schwer mit Dingen, die nur zur Unterhaltung angefertigt werden. Ihr Effekt verpufft bei mir meist wirkungslos. Es gab Zeiten, da habe ich Videotheken leer geguckt, und irgendwas hat es mir gegeben. Aber was immer das war, ich habe offenbar genug davon angesammelt. Was mich entspannt, sind sachliche, präzise Informationen, selbst wissenschaftliche Gespräche. Ich schiebe das auf mein biblisches Alter von 40 plus!

Nicht unerwähnt lassen will ich allerdings, dass ich den Podcast nicht bei mir zu Hause höre. Ich sitze dabei in einem Roboterpanzer der fernen Zukunft auf anderen Planeten, martialische Waffensysteme im Anschlag, mit denen ich die Roboterpanzer der anderen, weltweit aktiven Spieler zu Klump schieße.

Zwischen den Informationen von Drosten, Ciesek und den anderen, zwischen Studienergebnissen und Inzidenzanalysen spiele ich Krieg. Vor der Pandemie habe ich mich liebevoll um einen virtuellen Garten und landwirtschaftlichen Handel gekümmert. Jetzt, nach mehreren Lockdowns, spiele ich nur noch Shooter. Zur Unterhaltung? Ja, denn es macht mir Spaß. Zur Realitätsflucht? Ich glaube, eher zur Realitätsverarbeitung.

In der Kinderimpfungsfolge des Podcasts wurde auch dargelegt, wie die aktuelle Empfehlung der Stiko lautet und wie sie zu verstehen ist. Was auch immer man von dem Verein hält, empfohlen waren die Impfungen nur für Kinder mit Vorerkrankungen und anderen Risiken, oder bei engem Kontakt zu Risikopatienten. Nichts davon traf auf meinen Sohn zu, aber einen Termin im Impfzentrum erhielten wir trotzdem ohne Nachfrage. Die kam erst vor Ort, die impfende Ärztin fragte Risikofaktoren ab, Allergien. Es gab nichts abzuhaken, außer Nein. Also fragte sie meinen Sohn direkt: »Warum willst du denn geimpft werden?«

Natürlich hatten wir gesagt, dass wir eine Impfung gut fänden, aber es waren nicht wir, die da aus ihm sprachen. Er antwortete im Brustton der Überzeugung, am Ziel von Überlegungen, die er ganz für sich selbst gemacht hatte: »Weil ich Corona hasse!«

So berichtet es meine Frau, und ich bedaure sehr, das Gesicht der Ärztin nicht gesehen zu haben. Jedenfalls zögerte sie dann nicht, mit der Impfung fortzufahren. Es wurde aber kein Pieks von einer Sekunde. Es dauerte wohl eine gefühlte Minute. Testete sie damit seine Standhaftigkeit? War es besondere Vorsicht? Er blieb wohl ausnehmend gelassen, freute sich den ganzen Weg bis zurück an unsere Haustür, um uns Daheimgebliebenen sein Pflaster zu präsentieren.

Stolz ist gar kein Ausdruck, so sagt man, aber für mein Gefühl gibt es kein anderes Wort.

WARTEN AUF DAS OMIKRON

Heiko Werning

Der Nachbar aus dem vierten Stock geht am Fenster vor meinem Schreibtisch vorbei. Normalerweise grüßt er immer freundlich. Diesmal versucht er, schnell vorbeizuhuschen. Aber niemand entkommt meinem aufmerksamen Blick. Der Eingang zum Hinterhaus der Seestraße 606 ist die härteste Tür Berlins, dagegen kann das *Berghain* mit seinen sedierten Möchtegernaufpassern ganz in den Lockdown gehen. Und so sehe ich nicht nur den Nachbarn, sondern auch klar und deutlich, was er da heimlich ins Haus zu schmuggeln versucht: zwei Großpackungen Klopapier.

Verdammt. Ist es schon wieder so weit? Kann, ja, *muss* man schon wieder – Klopapierwitze machen? Die gute Nachricht lautet: Nein! Es scheint sich in dieser Pandemie ja alles andauernd zu wiederholen, aber Klopapierknappheit und Klopapierwitze gehören erkennbar nicht dazu. Nur Hardcore-Nostalgiker wie ich klammern sich verzweifelt an die guten alten Zeiten und hauen halt noch mal so ein Ding raus. Aber es reicht höchstens nur noch zu einem müden Lächeln des Publikums. Ist doch schön, dass eben doch auch einiges vorangeht.

Die schlechte Nachricht ist, dass alles andere letztlich genauso abläuft wie im Jahr zuvor bei Welle zwei. Die Kinder sitzen vor der Schule beim Frühstück vor dem Morgenmagazin und warten gespannt auf die neuesten Inzidenzzahlen. Juchu, wieder ein Höchststand! Der täglichen Rekordjagd können sie durchaus ein sportliches Interesse abgewinnen. Fußball finden sie langweilig. Das beruhigt mich. Zumindest einige zivilisatorische Grundwerte konnte ich ihnen offenkundig doch beibringen. Aber der Reiz des sportlichen Wettbewerbs ist ihnen nicht fremd, und bei Corona geht es ja auch wenigstens um etwas. Nämlich um eine längst schon wieder lockende Schulschließung. Das haben sie natürlich schon lange verstanden, dass es rein gar nichts bedeutet, wenn alle Politiker immer wieder betonen, dass es keinen Lockdown und keine Schulschließungen mehr geben werde: »Das haben sie letztes Jahr um die Zeit auch gesagt!« Ich fürchte, sie verstehen das allmählich als eine Art Weihnachtsbrauch. Statt Warten auf das Christkind nun halt Warten auf den Lockdown. Oder doch zumindest Warten auf die Schulschließung. Brandenburg hat ja schon vorgelegt und die Weihnachtsferien verlängert. Das wollen sie auch!

Jetzt wird vermeldet, dass Alice Weidel sich mit Corona infiziert hat. Die Kinder jubeln. Es wiederholt sich wirklich alles. »Das ist kein Grund zum Jubeln«, setze ich also an. »Man freut sich nicht, wenn andere Menschen krank werden.« Sie schauen mich verständnislos an: »Aber die ist doch eine Faschistin?« »Ja, schon. Aber trotzdem. Das habe ich euch doch letztes Jahr schon erklärt, als Donald Trump Corona hatte.« Die Kinder nicken verständnisvoll: »Ach so, du meinst, weil der überlebt hat. Es nutzt also gar nichts.« Ich seufze.

Es nutzt wirklich alles nichts mehr, denke ich manchmal. In dieser Pandemie drehen allmählich offenbar alle frei. Es ist mir ja eine Weile gelungen, mich mit den ganzen Irren abzufinden, ohne mich allzu sehr darüber aufzuregen. Aber dann war ich doch neulich sogar auf einer Demo gegen die Querdenker. Also, genau genommen: Ich habe halt das Haus verlassen. Schwungvoll und hoch motiviert wollte ich ein paar Briefe zum Briefkasten bringen, öffnete die Haustür, um auf die Straße zu treten – und kam mir vor wie Brian in *Das Leben des Brian*, als er nach einer Liebesnacht nackt das Fenster öffnet und eine riesige Menschenmenge vor seinem Haus steht, die ihn erwartungsvoll anstarrt. Jedenfalls öffnete ich also die Haustür und blickte prompt auf eine riesige Menschenmenge vor unserem Haus, die mich erwartungsvoll anstarrte. Schnell schaute ich prüfend an mir herunter – doch, puh: Ich war vollständig angezogen.

Vor meinem Haus war eine Demo. Eine Demo gegen mein Haus. Eine machtvolle Demo gegen mein Haus. Von der Antifa. Bestimmt zwanzig Leute standen da mit Schildern, auf denen »Querdenker raus aus unserem Kiez« stand. Denn in meinem Haus residieren die Impfgegner von den »Christen im Widerstand«. »Bist du Christ?«, fragte mich jemand aus der Gruppe. »Nein, ich bin von der Volksfront von Judäa!«, antwortete ich natürlich nicht, sondern guckte bloß irritiert. »Wohnst du hier?«, versuchten sie es wieder. »Ja, allerdings«, antwortete ich. »Dann reih dich ein! Es ist ein wichtiges Zeichen, dass die Hausbewohner sich unserem Protest anschließen!« »Ein wichtiges Zeichen?« Jetzt musste ich doch lachen. »Ein wichtiges Zeichen? Für die Jungs von *Hairstyle by Erem*?«, fragte ich und zeigte auf die kleine Migrantengruppe, die giggelnd vor dem Barbershop im Nachbarhaus stand. »Oder für die Weltöffentlichkeit, damit sie erfährt, dass auch ich, Bewohner der Seestraße 606, gegen die irren Christen bin?«, fragte ich weiter und zeigte dabei mit großer Geste über die Seestraße, wo das Interesse an dieser Demonstration sich, nun ja, in Grenzen hielt. Hier und da drängelten sich ein paar Leute kopfschüttelnd vorbei, ansonsten war hier nichts und niemand, keine Presse, keine Passanten. Außer dem Prediger Christian, der in seinem Laden stand und interessiert nach draußen schaute, aber der weiß ja schon, dass ich ihn für irre halte. »Und jetzt lasst mich durch, ich will Briefe zum Briefkasten bringen. Und haltet gefälligst Abstand. Wegen dem Virus, klar?«

Andererseits – ich kann sie ja verstehen. Der Wahnsinn der anderen kann einen schon tatsächlich manchmal in eine tiefe Verzweiflung stürzen, gegen die man irgendetwas tun möchte, und sei es nur, sich sinnlos vor ein Haus zu stellen. Es ist ja praktisch unmöglich, die Impfgegner zu ignorieren. Eine Bekannte berichtete, sie habe einen Termin bei ihrer Physiotherapeutin machen wollen. »Sind Sie denn auch geimpft?«, habe diese gefragt, und sie habe daraufhin »Selbstverständlich!« geantwortet. Worauf die Therapeutin gesagt hat: »Dann kann ich Sie leider nicht behandeln. Sie haben ja dieses Gift in Ihrem Körper, da kann ich sie nicht anfassen, sonst springt das auf mich über.« Was soll man dazu noch sagen? Bei jedem Impfdurchbruch jubeln diese Trottel, dass die Impfung ja vollkommen nutzlos sei. Wohlgemerkt: Das sagen dieselben Trottel, die vorher noch der Überzeugung waren, dass die Impfung von die Welt regierenden Echsenwesen zusammengebrautes Teufelszeug sei, um uns alle zu vernichten. Und jetzt jubeln sie: »Siehste! Funktioniert doch gar nicht! Kann nix, das Zeug!«

»Die Impfung nutzt doch gar nichts, die Geimpften können das Virus doch genauso übertragen!«, empörte sich ein Bekannter. »Aber mit geringerer Wahrscheinlichkeit«, erwiderte ich. »Und deshalb nutzt sie durchaus etwas. Abgesehen davon, dass man halt mit geringerer Wahrscheinlichkeit ins Krankenhaus kommt oder dran stirbt.« »Aber es liegen auch Geimpfte im Krankenhaus!« »Ja, aber viel weniger. Zumal in der Relation zur Gesamtbevölkerung.« »Aber die Impfung nutzt doch gar nichts, das sieht man doch daran, dass auch Geimpfte erkranken.«

Es hat einfach keinen Sinn. Es ist wie in der Schule damals, als ich mich mal eine Weile als Nachhilfelehrer versucht habe. Ich konnte die Bruchrechnung so oft erklären, wie ich wollte: Mein Nachhilfeschüler hat sie trotzdem nicht verstanden. Ich zweifelte an mir selbst. Offensichtlich hatte ich es nicht gut genug erklärt, dachte ich erst. Ich probierte neue Ansätze. Beispiele. Wir teilten sogar einen Kuchen. Der Nachhilfeschüler aß die Kuchenstücke, nickte eifrig, als ich erklärte, dass er nun ein Viertel des Kuchens intus habe. Dann aß er den Rest auf, und trotzdem konnte er anschließend nicht 1/2 und 1/4 zusammenrechnen. Irgendwann wurde mir klar: Es lag gar nicht an mir. Er war einfach zu doof. Und na klar, der hat sich ja nach der Schulzeit nicht einfach in Luft aufgelöst. Der sitzt heute wahrscheinlich irgendwo vor einem Computer herum und postet bei Facebook, dass nicht das Virus, sondern die Impfungen gefährlich sind. Und kein Nachhilfelehrer der Welt wird ihn vom Gegenteil überzeugen. Man will das immer nicht so gerne wahrhaben, aber ich fürchte, wir müssen der Wirklichkeit ins Gesicht sehen: Einige kapieren es einfach nie. Ob sie nicht wollen oder nicht können, sei mal dahingestellt, aber im Ergebnis ist es halt so. Kann man nichts machen. Aber wollen wir deswegen jetzt einen Kompromiss suchen? Wollen wir wirklich sagen: »Na gut, du bestehst darauf, dass 1/2 und 1/4 gleich 1/6 ist, ich dagegen sage, es sind 3/4, einigen wir uns halt auf 2/5«? Nein, natürlich nicht. Man sagt dann halt irgendwann: »Okay, lass gut sein, dann ist es halt für dich 1/6.« Aber man würde diesen Menschen dann doch lieber nicht, sagen wir, als Statiker ein Hochhaus planen lassen, weil man an dessen Stabilität berechtigte Zweifel hegen würde. Und da höre ich schon den Chor der Verständnisvollen: »Aber du kannst ihn doch nicht einfach ausgrenzen! Ihn daran zu hindern, ein Hochhaus zu planen, nur weil er nicht rechnen kann, das spaltet doch die Gesellschaft! In Deutschland sind schon einmal Menschen ausgegrenzt worden, das dürfen wir nie wieder zulassen! Und wer weiß denn schon, ob sich nicht doch irgendwann herausstellt, dass 1/2 und 1/4 in Wirklichkeit 1/6 sind? Da muss man erst mal Langzeitstudien abwarten! Und solange lassen wir ihn mal schön das Hochhaus mitplanen. Und außerdem – dass du Mathe kannst, das heißt doch sowieso nichts. Es haben sich schließlich auch Mathematiker schon mal verrechnet.«

Ich verstehe dieses ganze »Man darf die Ungeimpften nicht aussperren«-Gejammere ja sowieso nicht. Einige Künstlerkollegen wollen unter 2G nicht mehr auftreten, weil sie damit die Ungeimpften ausgrenzen. Dass bei ihren Ticketpreisen von 20 oder 30 Euro sonst aber auch womöglich der eine oder die andere ausgegrenzt wird, scheint merkwürdigerweise eher kein Problem zu sein.

»Papa, guck mal«, rufen die Kinder eines Morgens vom Fernseher. »Je höher der Anteil an AfD-Wählern, desto mehr Infizierte gibt es!«, informieren sie mich über eine Studie, die gerade vorgestellt wurde. »Das heißt doch, dass jetzt überdurchschnittlich viele AfD-Wähler sterben, oder?« In der Tat – Impfverweigerung als Wahlkampfstrategie scheint mir tatsächlich etwas zweifelhaft zu sein. Auf der Intensivstation bekommt der »Kampf um jede Stimme« jedenfalls einen ganz neuen Beiklang. »Papa, und hör mal hier!«, schrecken die Kinder mich schon wieder auf. »Björn Höcke hat sich jetzt auch infiziert!« Ich schüttle fassungslos mit dem Kopf. Vielleicht sollte die Antifa doch noch einmal darüber nachdenken, ob sie wirklich weiter gegen die Impfgegner demonstrieren will. Und jetzt kommt auch noch Omikron. Guter Name, auf jeden Fall. Das Omikron-Armageddon. Dann hat der ganze Scheiß wenigstens bald mal ein Ende. Ich schalte den Fernseher aus und schicke die Kinder zur Schule. Lange werden sie ja sowieso nicht mehr hinmüssen.

KAMIKAZEKIEFER

Thilo Bock

Ein ganz alter Baum hat sich aufs Dach meines Elternhauses gelegt, besser gesagt: er ist gelegt worden. Von Zeynep, einem Orkan, der übers Land gewütet ist. Oder wie meine Mutter es am Telefon ausdrückt: »Gestern Nacht ist dein Erbe deutlich dezimiert worden.«

Die alte Kiefer stand in der Gegend vermutlich schon vor den Häusern. Sie hatte eine mächtige Krone und war den Nachbarn, auf deren Grundstück sie wuchs, seit Jahren ein Dorn im Auge. Mehrfach haben sie sich um eine Fällgenehmigung bemüht, aber das Grünflächenamt hatte stets abgelehnt. Der Baum ist doch noch gut und kerngesund, haben sie gesagt. Dass er zu viel Schatten wirft, ist ja auch kein Grund, die Axt anzusetzen. Jetzt hat halt Zeynep das Abholzen übernommen. Zeynep ist übrigens ein türkischer Frauenname und bedeutet so viel wie »die Geschmückte«, »Wüstenblume« oder einfach »schöne Frau«. Zukünftig kann man das Wörtchen »umwerfend« ergänzend hinzufügen.

Denn von einem Aufs-Dach-Legen kann wirklich nicht die Rede sein. Das war schon ein böses Foul. Mein Vater hat wohl mehr gespürt als gehört, weshalb er sich auf seinem Schreibtischstuhl instinktiv zur Seite gedreht hat. Sekundenbruchteile später bohrte sich genau an dieser Stelle ein fetter Ast durchs Dach. Die Holzlattenvertäfelung der Dachschräge fiel wie achtlos fallengelassene Mikadostäbchen auf den Tisch, zerbröselte Ziegeln bedeckten den Teppich wie Murmeln.

An drei weiteren Stellen drangen Äste durch Dach. Im Bad schoben sie ein Handtuchregal durch die Lamellentüren, im Treppenhaus gab es neben einem großen Loch in der Decke jetzt auch einen Holzdorn direkt über den Garderobenhaken. Einer der gerufenen Feuerwehrleute erkannte das Praktische darin. »Können Sie ja was dranhängen!«

Viel mehr als diesen Tipp konnte die Feuerwehr leider nicht geben. Für Bäume auf Privatgrundstücken ist sie nicht zuständig. Und da niemand verletzt war – mein Vater hat nur zwei Schrammen auf der Stirn und eine auf dem Brillenglas – der Strom noch funktionierte und nirgendwo Gas austrat, zogen die Männer wieder ab, nicht ohne meinen Eltern zu raten, lieber nicht im Haus zu schlafen.

An Schlafen war eh nicht zu denken. Dementsprechend durcheinander sind die beiden, als ich am nächsten Vormittag dort eintreffe. Spektakulär sieht es ja aus, wie der mächtige Stamm mit seinem Umfang von 2,50 Meter schräg über den Weg zum Haus liegt, gerade so, dass man, ohne den Kopf einziehen zu müssen, drunter durchgehen kann. Der ohnehin recht zugewucherte Vorgarten ist jetzt ein dichtes Kiefernwäldchen. Die Baumkrone bedeckt einen Großteil des Daches und sorgt dafür, dass nur wenig vom strömenden Regen durch die vier Löcher dringt. Dafür riecht es im Haus jetzt angenehm nach Wald. Ein Duftbaum der Extraklasse.

Meine Mutter äußert die Sorge, Eichhörnchen könnten ihren Weg ins Haus finden. »Oder der Waschbär!«, ergänzt eine herbeigeeilte Freundin. Na toll, denke ich. Vielen Dank dafür! Nächste Nacht werden meine Eltern nicht aus Angst vor der Einsturzgefahr schlecht schlafen können, sondern weil sich eine Waschbärenfamilie ins Innere verirren könnte. Oder zwei Wildschweinbachen samt Frischlingen. Und wer weiß, womöglich sogar Turmfalken, eine Waldohreule oder auch einfach nur ein paar Spatzen. Diesen Gedanken behalte ich aber lieber für mich. Man will dem Lauf der Natur ja nicht vorgreifen.

In den vergangenen Wochen hatten meine Eltern mehrfach beklagt, dass ein sehr agiler Maulwurf den ganzen Garten umgrabe, nun ist zumindest der vordere Teil nicht nur von unten durchwühlt. Hält die Natur tatsächlich mehr zusammen, als wir Menschen uns das vorstellen können? War der Baumeinschlag ein gezielter Angriff auf meinen Vater, der unlängst stolz verkündet hatte, er habe den Maulwurf erledigt? So gesehen, hätte im Nachbargarten eine reine Kamikazekiefer gestanden. Gut also, dass ihr das Handwerk gelegt worden ist! Wenn auch auf Kosten unseres Daches.

Im Haus ist erstaunlich wenig zerstört. Der Teppich ist stellenweise nass. Und ein Ziegelbrocken hat dem Glas des Smartphones meines Vaters ein unschönes Loch beschert. Einer der Nachbarn sagt: »So sehen die Handys meiner Kinder auch immer aus.« Ich verkneife mir die Frage, ob die ebenfalls einen Dachschaden haben.

Biber! Biber wären jetzt gut. Statt Eichhörnchen, Waschbären, Turmfalken, Geiern oder Spatzen sollten lieber Biber anrücken. Denn nach dem dritten innerhalb von wenigen Tagen über die Region fegenden Orkan ist es gar nicht so leicht, jemanden zu finden, der einem so einen Baum wieder vom Haus nimmt. Ist schließlich Wochenende. Auch bei der Versicherung geht niemand ans Telefon, trotz Rund-um-die-Uhr-Service.

Praktischerweise kommt die Schwiegertochter der Nachbarn, auf deren Grund die Kiefer stand, aus einer Gärtnerfamilie. Die wohl größte Firma der Gegend. Tatsächlich rücken bereits drei Tage später mehrere Männer an, die sich ans Sägen machen. »Jetzt kommt der spaßige Teil«, sagt der Baumkletterer, nachdem er sich ein Bild gemacht hat. Mein Vater überlegt, ob er ein paar Stammstücke für den Kamin behalten sollte. »Um dich persönlich am Baum zu rächen?«, frage ich. Mein Vater winkt müde ab. »Du bist auch so 'n Baumversteher, wa?«

Auf der Straße bauen sie derweil eine Schreddermaschine auf. Ein Diesel betriebener Hochleistungsbiber sozusagen. Zwischendurch taucht ein Mann auf. Ob er was von dem Holz haben könne? Er sei Künstler und würde mit der Motorsäge daraus Skulpturen fräsen. Wir gestatten es ihm. Soll der Baum halt Kunst werden. Mit etwas Glück auch noch richtig schlechte Kunst. Nimm das, Kamikazekiefer!

Abends ist der Baum tatsächlich komplett beseitigt. So können Dachdecker eine Plane übers Dach legen. Jetzt schützt die Kiefer ja nicht mehr vor Regen. Meinem Vater gelingt sogar ein Gespräch mit der Versicherungshotline. In zehn Tagen werde eine Gutachterin vorbeikommen. »Bitte verändern Sie bis dahin möglichst nichts!«

Na, die wird sich wundern, wo der Baum abgeblieben ist. Aber wer weiß, vielleicht mag die Versicherung ja in Holzkunst investieren.

ABENDS BEI REDDIT

Robert Rescue

Vor Kurzem las ich auf Reddit, jenem Frageportal zu den Themen Suizid, Finanzen, lustige Bilder und Tiraden zu diesem
und jenem, eine Frage, die mich aufhorchen ließ. Es handel-
te sich um eine vollends bedeutungslose Frage, die keinerlei
Lerneffekt hatte, die nicht für Erheiterung sorgte, wenn man
sie bei einem geselligen Abend in der Kneipe zum Besten gab,
sondern eher für Befremden sorgte. Oder anders gesagt: Es
gibt viele Fragen auf dieser Welt, die bedeutsamer sind, deren Beantwortung Belustigung hervorruft oder Probleme löst,
sei es im kleinen oder großen Kontext. Diese Frage gehörte
definitiv nicht dazu. Ich stellte mir dennoch vor, wie der Fra-
gende am Abend auf seinem Balkon stand, in den Nachthimmel schaute, auf das blinkende, sich bewegende Licht starrte,
während in ihm diese eine Frage heranreifte. Er verließ den
Balkon, setzte sich an den Computer und tippte: »*Ist die ISS
ein Gebäude?*«

An dieser Stelle könnte der Text enden. Es hätte sein können, dass ihm niemand eine Antwort gab und er den Rest
seines Lebens mit dieser Frage haderte. Es hätte sein können,
dass er sich an das Deutsche Zentrum für Luft- und Raum-
fahrt oder die NASA gewandt hätte und Schweigen die Antwort gewesen wäre, weil die Leute dort Besseres zu tun haben.

Aber wer in Deutschland an einem Werktag um 20:33 Uhr
eine Frage ins Internet stellt, bekommt eine Antwort und mit
Sicherheit mehr als eine. Es gibt Menschen, die es gut meinen

mit dem Fragesteller und in der Lage sind, eine klare Antwort zu geben. Zum Beispiel diese: »*Die ISS ist nicht fest mit dem Boden verbunden, daher ist sie kein Gebäude, genau wie z. B. Flugzeuge, Boote oder Wohnwagen auch nicht.*«

Voilà, die Frage ist beantwortet. Der Fragesteller könnte das Forum loben, weil es ihm geholfen hat, und der Antwortende könnte sich über einen schönen Tagesabschluss freuen, weil er eine unklare Angelegenheit verdeutlicht hat. Aber es gibt Menschen hierzulande, die sich mit der fast schon strahlenden, glasklaren Schönheit dieser Antwort nicht zufriedengeben können; es fehlt etwas, es muss verdeutlicht werden, es muss beschmutzt werden mit Nebensächlichkeiten, Ausdeutungen und Klugscheißerei. Und eine solche Frage ist wie ein frisch ausgeschiedenes Exkrement mit einer ausgeprägten Duftnote, das sogleich Geschmeiß anlockt, das Antworten gibt wie diese: »*Ein Gebäude ist ein Bauwerk auf eigenem oder fremdem Grund und Boden, das Menschen oder Sachen durch räumliche Umschließung Schutz gegen äußere Einflüsse gewährt, den Aufenthalt von Menschen gestattet, fest mit dem Grund und Boden verbunden, von einiger Beständigkeit und standfest ist (R 7.1 Abs. 5 Einkommensteuer-Richtlinien; H 7.1 [Gebäude] Einkommensteuer-Hinweise). Zum Gebäudebegriff s.a. Abschn. 1 Abs. 2 BewRGr (Richtlinien für die Bewertung des Grundvermögens) und § 68 BewG (Bewertungsgesetz)*«

Der Antwortende hat ein schweres Leben hinter sich. Als Kind wollte niemand mit ihm spielen, in der höheren Schule wurde er in jeder Pause von den Klassenkameraden übelst misshandelt, und zwar von allen Klassenkameraden, auch von dem hässlichen Jungen mit Hornbrille, den alle für irre hielten, und der bei dem täglichen Pausengemetzel erkannte, dass Töten sein Talent war und nicht das Schnitzen von Tieren, die man nicht eindeutig erkennen konnte. Solche Menschen, also der Antwortende, nicht der Junge mit der Hornbrille, gehen nach dem Studium zu einem Amt oder werden Anwalt, wo sie auf ihresgleichen treffen. Diese aber haben nach diversen Sitzungen auf der Couch eine Lektion gelernt – nach acht Stunden Arbeitszeit wechselst du deine Persönlichkeit und verleugnest, was du beruflich machst. Du machst nach 18 Uhr Malen nach Zahlen oder kaufst bei eBay Smartphone-Hüllen im Lego-Muster, weil du die sammelst, aber du machst nicht deutlich, dass du deine Seele irgendwo zwischen den Buchdeckeln von BGB, SGB und dem *Necronomicon* verloren hast.

Aber der Jura-Kollege ist natürlich nicht alleine unterwegs. Für manche ist schon das bloße Zitieren eines Paragrafen ein gefundenes Fressen, um in die Diskussion einzusteigen, um sie entweder zu vertiefen oder komplett an die Wand zu fahren: »*Die ISS ist natürlich eine Raumstation. Die Definition Gebäude anzuwenden, ist falsch und rechtlich bestenfalls altmodisch und vor allem problematisch.*«

Was ist los mit dir? Altmodisch? Problematisch? Sind Sie das, Herr von Bödefeld? Sind Sie außerhalb der Sesamstraße wiederauferstanden und sitzen als verwester Zombie vor dem Laptop in Ihrer Kanzlei?

Ein anderer Reddit-Nutzer geht einen Schritt weiter als die erste Antwort und verkompliziert die Sache nur unnötig: »*Ich würde es als ›Fahrzeug‹ einordnen.*«

Es folgen etwa 500 Kommentare, in denen der Antwortende widerlegt, verspottet oder mit dem Tod bedroht wird. Jetzt wird es Zeit für einen Kommentar, auf den niemand antworten will, nicht einmal die, die tagein, tagaus andere Nutzer mit ihrem Hass vollkotzen. Alle wissen, dass der Kommentator aus einem geistigen Nullraum heraus schreibt, eine Leere, in der nicht ein einziger qualifizierter Gedanke wohnt. Man darf ihn nicht dazu anstiften, noch ein Wort mehr zu schreiben, weil niemand das ertragen kann.

»*Nein, ISS ist eine Gebäudereinigungsfirma, kein Gebäude.*«

Es wird Zeit für die einfache Antwort. Sie ist entweder bekloppt oder genial. Der Antwortende hat eine geistige Richtung eingeschlagen, in die ihm niemand folgen will, aus der instinktiven Angst heraus, dass solche Antworten die Welt einfach und schön machen könnten, und das will natürlich niemand.

»Nein, es hat keine Straße und keine Hausnummer.«

Ich schließe den Tab und fasse zusammen: Bei der ISS handelt es sich um eine Raumstation und nicht um ein Gebäude. Was ein Gebäude ist, regelt hierzulande der Gesetzgeber. Die ISS ist keinesfalls eine Reinigungsfirma. Alles andere zu behaupten ist altmodisch, falsch und überdies problematisch.

Den Typen, der die Antwort mit der Reinigungsfirma gab, habe ich übrigens neulich getroffen. Er stand mit seiner Frau vor einer Filiale der Drogeriekette DM und meinte zu ihr: »Da war früher eine Filiale von Rossmann drin, aber die gibt es ja nicht mehr.« Ich habe drauf verzichtet, seine Antwort zu korrigieren, und bin weitergegangen.

DAS PORTEMONNAIE

Thilo Bock

Neulich in einem großen Feinkostsupermarkt in Charlottenburg.

A: Ah, da bist du ja! Ich hab dich schon überall gesucht. Lass uns gehen, ey! Der Laden hier ist mir echt zu etepetete. Von wegen Supermarkt! Nicht ganz unsere Preisklasse, wa? Ich hab auch nirgendwo diese billigen Gummidinger gefunden, auf die ich so stehe. Dafür zehn Meter Fischtheke! Mit lebenden Hummern! Geiler Scheiß! Können wir uns sowieso nicht leisten.

B: Was denn? Seit wann zahlen wir?

A: Willste dir den lebenden Hummer in die Hose stopfen?

B: Boah, nee! Wer weiß, was der dann mit seinen Zangen anstellt. Aber egal. Guck mal, was ich gerade gefunden habe!

A: Ein Portemonnaie? Gefunden? Hier im Laden?

B: In so 'ner Handtasche.

A: Nee, ey! Wir hatten doch vereinbart, dass du das nicht mehr machst.

B: Aber die Tasche hing völlig einsam und allein am Einkaufwagen. Sagst du nicht immer, wer so fahrlässig mit seinen Eigentum umgeht, hat es nicht besser verdient? Das war quasi eine pädagogische Maßnahme.

A: Haste auch wieder recht. Aber was, wenn dich wer gesehen hat? Lass uns mal lieber schnell abhauen.

B: Ich denke, der Hummer ...

A: Bist Du verrückt? Bei unserem Glück steht dann der Besitzer des Portemonnaies direkt hinter uns an der Kasse. Weißt du noch, als du mal 'nen Zivilbullen beklaut hast ...?

B: Das wusste ich ja erst, als der mich kurz darauf nach meinen Papieren gefragt hat.

A: Und du ihm dann seine gezeigt hast.

B: Ja, Mann. War 'n Versehen.

A: Andererseits wären deine eigenen Papiere auch nicht unbedingt besser gewesen.

B: Also gut, verschieben wir das mit dem Hummer auf nachher. Ist vermutlich besser.

Einige Minuten später am Spreeufer.

B: Mist, da sind ja nur 20 Euro drin. Wer macht denn so was? Da kriegste doch nicht mal 'n Hummerfuß für.

A: Und das da? Ist das 'ne Sparkassenkarte?

B: Jau! Aber ihh, was ist das denn hier?

A: Ein Führerschein! So 'n richtiger alter DDR-Lappen. Ich dachte, man muss die Dinger umtauschen.

B: Guck mal das Foto! Die Alte sieht voll stulle aus!

A: Ist doch bei Führerscheinen meistens so. Und hier: Auf ihrem Perso sieht sie deutlich netter aus.

B: Hm, kommt mir irgendwie bekannt vor die Alte. Was steht da? Wie heißt die? Merkel?

A: Ja, Angela Merkel!

B: Muss auch 'ne Strafe sein, genau so wie die Bundeskanzlerin zu heißen.

A: Nee du, ich glaube fast ...

B: Scheiße, du hast recht. Das ist die echte!

A: Verdammt! Wirf das bloß in die Spree! Wie bescheuert bist du denn, ausgerechnet Angela Merkel zu beklauen? Die wird doch bewacht!

B: Da war aber keiner. Wirklich wahr!

A: Und wenn jetzt der Geheimdienst hinter uns her ist?

B: Geheimdienst? Siehst du hier irgendwen?

A: Du bist echt so blöde, Udo! Als ob man den Geheimdienst sehen würde.

B: Ich glaub, denen ist das eher peinlich, dass sie nicht aufgepasst haben. Immerhin ist Angela Merkel die oberste Deutsche ...

A: Und wird von so 'nem Hobbytaschendieb wie dir beklaut. Auch wieder wahr!

B: Hobbytaschendieb? Wie meinste das denn jetzt? Zeig mir mal einen Kollegen, der so einen krassen Fang gemacht hat.

A: Erinnerst du dich nicht an Gerd, der Abou Chaker das Schnupftabaksdöschen aus der Innentasche seiner Bomberjacke gezogen hat?

B: Oh ja, das ging böse aus. Aber der Abou Chaker hat ja auch 'nen Haufen Cousins. Die Familie von der Merkel ist, glaub ich, nicht so groß. Wahrscheinlich ist der das eh egal. Die wirkt nie so verbissen. Die hat bestimmt mehr als ein Konto. Und sie kann's sich ja leisten. So lang wie die dran war. Voll das fette Gehalt, aber als oberste Deutsche muss du ja nie was zahlen. Hier 'ne Bratwurst gratis, da 'ne Bulette aufs Haus und vielleicht auch mal 'n Döner zum Mitnehmen.

A: Meinst du, die Merkel isst Döner? Da tropft ja schnell mal was aufs Jäckchen. Und dann triffste dich mit Putin und hast voll den Soßenflatschen. Da nimmt der dich ja überhaupt nicht mehr ernst.

B: Und du stinkst aus'm Hals nach Knofi.

A: Na, deswegen hat der Putin ja so 'nen großen Tisch. Hab ich jedenfalls 'n Foto von gesehen. Da könntest du locker deine Carrera-Bahn drauf bauen.

B: Echt jetzt? So 'n Tisch muss ich haben. Geil! Mein Rücken macht mir echt zu schaffen.

A: Geht dem Putin sicher genauso. Und jetzt muss er auch nichts mehr abbauen, wenn Besuch kommt. Weil, kommt ja keiner mehr.

B: Wie wohl die Geheimzahl von der Merkel ist?

A: Quatsch, wir gehen damit natürlich einkaufen. Die Unterschrift finden wir doch garantiert im Netz.

B: Das fällt ja wohl auf, wenn einer von uns als Angela Merkel einen Kasten Bier kauft ... Oder nee! Ich kauf das neue Carrera DIGITAL Double Victory-Set. Born To Perform! Das wäre so geil!

A: Mach das! Du mit 'ner Perücke. Ginge bestimmt! Und noch so 'n Jäckchen. Udo, das passt schon.

B: Aber meine Stimme. Das fällt doch auf.

A: Du musst ja nichts sagen.

B: Und wenn ich was gefragt werde? Ob ich Treueherzen sammle, zum Beispiel?

A: Treueherzen? Gibt's die noch?

B: Keine Ahnung. Hab schon lange nix mehr an der Kasse bezahlt.

A: Hm, wahrscheinlich wirklich nicht so clever, wenn du ausgerechnet mit der Sparkassenkarte von Angela Merkel damit anfängst. Wir sollten das Zeug lieber bei eBay reinsetzen. Irgendein Sammler wird das bestimmt kaufen.

A: Das Carrera DIGITAL Double Victory-Set?

A: Nein, die Pappe und den Perso!

B: Meinste? Wer sollte denn so was haben wollen? Bloß weil's von Angela Merkel ist?

A: Keine Ahnung. Auf jeden Fall doch Angela Merkel. Könnte ich mir gut vorstellen. Das wäre auch für die ganz gut. Muss sie nicht extra aufs Bürgeramt.

B: Meinste, die muss aufs Bürgeramt? Die ist doch quasi König von Deutschland. Also Königin!

A: Na, klar muss auch die aufs Bürgeramt. Und mit etwas

Glück bekommt sie schon in drei Monaten einen Termin. Solange kann sie natürlich nicht verreisen und so.

B: Wäre wirklich doof. Auch wegen der ganzen Staatsbesuche. Könnte sie dann ja gar nicht machen.

A: Muss sie ja auch gar nicht mehr.

B: Stimmt ja! Hat die ein Glück, dass ich ihr erst jetzt das Portemonnaie geklaut habe.

NEUE IMPFWEGE

Volker Surmann

Die Impfkampagne stockt mal wieder. »Wir müssen die Impfung zu den Menschen bringen«, hat Gesundheitsminister Karl Lauterbach als neue Losung ausgegeben. Dabei sollen Synergieeffekte genutzt werden. Die, die eh schon an den Haustüren unterwegs sind, sollen das Impfen gleich mit übernehmen.

Wir begleiten Ralf und Babette. Ralf trägt einen schwarzen Anzug und ein weißes Hemd, seine Haare sind akkurat gegelt, Babette folgt ihm in einem mausgrauen, einfach geschnittenem Kleid. Wir betreten ein Mietshaus und beginnen im obersten Stock. »Guten Tag. Haben Sie einen Moment Zeit? Wir würden mit Ihnen gerne über Impfungen sprechen«, hebt Ralf an. »... und Gott«, schiebt Babette hinterher. Tapfer halten beide ihre aktuellen Publikationen in Händen: *Der Wachturm* und *Das Spritzenhaus*.

Hier haben Sie keinen Erfolg, die Mieterin Yüksül ist bereits geimpft und hat auch schon einen Gott. Doch ein paar Türen weiter werden sie erfolgreich. »Impfung? Kommt jar nich in Frage. Ich lass mir doch nicht vergiften!«, schimpft Renate Molkow. »Dürfen wir mit Ihnen über Vergiftung sprechen?« – »Aber hallo, komm Sie rin! Endlich mal jemand, der mir zuhört!«

»Seit wir das Thema Impfen mit ansprechen, werden wir öfter eingelassen«, zeigt sich Babette erfreut. »Man kommt viel leichter mit den Menschen ins Gespräch.«

»Ist ja auch so eine Art Religion«, wirft Ralf ein. Für ihn ist Impfgegnerschaft längst ein Götzendienst, seine Mission eine zweifache Mission: »Wir sind im Auftrag des Herrn unterwegs. Und Karl Lauterbachs.«

Ausgebildet wurden Babette und Ralf wie auch viele andere im Modellprojekt *Hausimpfung und Reliable Immunisierung in Normalumgebung* (HauReIN) des Bundesgesundheitsministeriums.

Auch Ronny Peschke hat den dreitägigen HauReIN-Kurs in medizinischer Ad-hoc-Vakzinierung abgeschlossen. Er arbeitet als Heizungsableser beim größten deutschen Ableseservice Techem. Auch er hat immer ein Set an Impfdosen in einer kleinen Kühlbox dabei. Gerade hat er bei Cordula Holtkamp die Wasseruhren und Wärmemessgeräte abgelesen und lässt sich die Ablesung quittieren.

»Könnte ich Ihr Impfbuch auch noch sehen?«, fragt er die alte Dame, die sich zwar wundert, aber anstandslos ihr Heft unter einem Brokatdeckchen hervorzieht.

»Aber da fehlt ja noch der Booster! Ohne den kann ich natürlich nicht wieder gehen.«

»Und Sie können das auch?«

»Aber Frau Holtkamp«, Ronny deutet auf seinen Werkzeugkasten mit hunderten Ableseröhrchen. »Seh ich so aus, als könnte ich nicht mit dünnen Röhrchen mit Flüssigkeiten drin umgehen?« Frau Holtkamp lacht, Ronnie zieht die Spritze auf.

»Nicht immer geht es so einfach«, sagt er draußen im Treppenhaus. »Manchmal hilft aber schon ein Hinweis darauf, dass die Deutsche Wohnen Heizen ab Februar nur noch für 2G plus anbietet. Und der Deutschen Wohnen traut man das sofort zu.« Ronny lacht.

Im Nachbarort ist unterdessen Serim auf seiner täglichen Tour als DPD-Paketbote. Auch der Paketdienst kooperiert seit kurzem mit dem Robert-Koch-Institut.

Serim klingelt gerade bei seiner Kundin Jasmin Butt, und wir werden Zeuge eines interessanten Haustürdialogs:

»Hier, ein Paket von Apple.«

Die Adressatin freut sich. »Oh, geil, mein neues iPhone! Isch bin voll happy!«

»Sie müssten noch den Empfang quittieren, bitte machen Sie mal den Oberarm frei.«

»Was soll isch tuen?«

»Oder sind Sie geimpft?«

»Isch? Näää, habisch irgendwie noch nicht geschafft.«

»Tut mir leid. Zustellung nur an 2G plus.« Serim ist unnachgiebig.

»Aber isch hab voll Angst vor den Wirkungen.«

»Na, die erste Wirkung ist, dass ich Ihr neues iPhone heut Nachmittag in irgendeinem Pick-up-Shop abliefere und leider vergesse, ihnen eine so oder so unleserliche Karte in den Kasten zu werfen.«

»Escht? ... Aber isch will mein iPhone jetz ...« Jasmin Butt krempelt die Ärmel hoch. Eine Minute später hält sie ihr neues Telefon und ein Impfzertifikat in Händen.

Auch Serim ist glücklich: »Ehrlich gesagt. Ich find das mit der Spritze viel besser. Ist Ihnen schon mal aufgefallen: Dieses Unterschreiben auf diesen kleinen Geräten, die wir immer dabei haben, diese Stifte, die funktionieren eigentlich nie. So 'ne Spritze, die funktioniert immer!«

Auch Walpurga Schwarz impft bei der Arbeit, sogar in beiden Jobs. Normal arbeitet sie als Zahnarzthelferin in Teilzeit, nebenberuflich ist sie jedoch freischaffende Domina mit eigenem Studio. Sie baut die Impfung als Extra-Thrill ins sadomasochistische Liebesspiel ein. »Wehrlos ist halt wehrlos«, lacht sie, während sie einem gut verschnürt jaulenden Kunden mit einer Hand den Popo versohlt und mit rechts unbemerkt eine Dosis BioNTech in den Oberarm drückt. »Die Kunst ist, die

Schmerzempfindung einfach zu überschreiben.« Wir würden gern den Impfling dazu befragen, aber er hat gerade eine Gummikugel im Mund. »Gerade Spritzenphobiker zeigen sich nachher verwundert, dass sie hier frisch geimpft aufstehen.« Selbst hartnäckige Impfverweigerer haben so schon ihren ersten Schuss bekommen. Nicht immer klärt Walpurga sie auf, wie sie hinter vorgehaltener Hand verrät: »Ein paar der lautesten Impfgegner konnte ich auf die Weise schon impfen. Ich sag mal so: Nicht die ganze AfD-Fraktion im Bundestag ist ungeimpft.«

Walpurga Schwarz, Serim, Ronny Peschke, Babette und Ralf – sie alle stehen für mehrere hundert Absolventen des Modellprojekts HauReIN, 1.421 Impfdosen konnten sie bislang verabreichen, und es werden täglich mehr. Das Projekt soll ausgeweitet werden. »Wir versuchen, derzeit noch weitere Berufsgruppen einzubinden, deren zentraler Inhalt ist, zu den Bürgern nach Hause zu kommen«, erläutert Lea Stolzenfels, wissenschaftliche Mitarbeiterin Karl Lauterbachs: »Also Amazon-Boten, Tupperparty-Damen, Staubsaugervertreter, Lieferando-Fahrer, klassische Drückerkolonnen, vielleicht auch Einbrecher.« Sehr erfolgversprechend sei auch eine geplante Kooperation mit der Handwerkskammer. »Da verknüpfen wir einfach Impfmüdigkeit mit dem Handwerkermangel zu einer Win-win-Situation«, so Stolzenfels.

In Bremervörde bietet der Klempner Gunter Dehmel schon jetzt seine Dienstleistungen für Ungeimpfte nur noch gegen Spritze an: »Den Impfgegnern haben wir die ganze Scheiße doch zu verdanken. Sollen sie doch selbst drin stehen bleiben, wenn das Klo das nächste Mal wieder überläuft. Rohrfrei nur gegen Armpieks.«

Wir kehren zurück zu Ralf und Babette und Frau Molkow. Die beiden Zeugen Coronas haben die 53-jährige Waldorfpädagogin für alternative Physik und textiles Gestalten durch ausufernde Gespräche über Gott erfolgreich sediert. Sie hat inzwischen ein Schnupperabo bei den Zeugen Jehovas abgeschlossen, »und auch ihre Oberarmmuskeln sind vorbildlich entspannt«, sagt Babette, als sie die Spritze ansetzt. Es geht voran, dank HauReIN.

DER ÜBERFALL

---

24. FEBRUAR – APRIL 2022

RUSSISCHES ROULETT IM SEESTERN

Frank Sorge

Ralle: Dit is'n Ding, wa? Mit die Ukraine?

Dieter: Wat ham die denn für ne Inzidenz?

Ralle: Nich Corona, Dieter, Invasion.

Dieter: Jibts ne neue Mutante?

Ralle: Alte Mutante, Sowjetstyle.

Dieter: Und jetzt ham die mehr Medaillen, oder wat?

Ralle: Nich Olympia, Dieter, die Russen.

Dieter: Ja, die hatten die meisten, oder?

Ralle: Nee, dit war früher mal, die warn jarnich dabei, also doch, aber nich als Russland.

Dieter: Ach, jenau, wegen Doping. Wie hieß do' gleich der chinesische Jesundheitsminister?

Ralle: Janz olle Kamelle, Dieter. Minister ham die ooch, gloob ick, janich mehr, macht allet Putin.

Dieter: Der kann Karate, wa?

Ralle: Judo.

Dieter: Und wat sacht der jetzt?

Ralle: Versteh ick nich, aber wat er macht, sieht man ja. Panzer, Soldaten, Raketen, die janze Grenze lang een Uffmarsch. Een abjekartetet Spiel, sag ick dir.

Dieter: Ick kenn nur Russisch Roulett.

Ralle: Jenau, so ähnlich kommt mir dit vor, nur mit alle Patronen drin. Sag mal, haste mal am Wochenende Zeit, mir wat zu helfen? Ich wollte mal den Keller ausräumen, allet bisschen gemütlich machen.

Dieter: Dit klingt mir aber nach Arbeit, willste da nich lieber
uff die Entrümpler warten?

Ralle: Wenn et zu spät is? Nee, nee. Da is ooch Platz denn, ick
würd dir mit rinlassen. Und Marie passt ooch rin, und
so 'n Bierfass.

Dieter: Nett jemeint, Ralle, aber dit letzte, wat ick jetzt brauch,
is Isolation.

Ralle: Invasion.

Dieter: Ja, die ooch nich.

Ralle: Darauf mal Wodka, oder? Marie, mach mal zwee Jel-
zin, oder Gorbatschow, oder watte hast.

Marie: Hab ick allet wegjekippt, jibt hier keen russischen
Wodka mehr.

Dieter: Wat? Wegjekippt?

Ralle: Wat kann denn der Wodka dafür?

Marie: Nee, mir reicht dit jetzt.

Dieter: Wat jetzt jenau?

Marie: Ick hab mir dit ooch anjekiekt, wa, wie der Scholz da
an dem Tisch sitzt, hundert Meter weg. Und jedet Mal,
wenn ick den Putin mit seine Leute reden höre, stelln
sich mir die Nackenhaare uff, der kommandiert die
rum, wie son Hitler, wa? Wat dit immer soll mit euch
Männer, ick kapiers einfach nich mehr. Ick meine, euch
beede, wa, ihr habt dit so halbwegs verstanden irgendwann, dit is halt jute Erziehung. Erinnert ihr euch nich
mehr, wa, wat ihr vor zwanzig Jahren noch für Sprüche
jemacht habt hier? Aber euch konnte man dit noch aus-
treiben. Ick würde ooch dem Putin een Wodka nachm
andern einschenken, damit der mal zur Vernunft
kommt, aber interessiert den wahrscheinlich nich. Hat
Termine mit dem Schreiner, wie er den Tisch nochn
bisschen länger machen kann. Wo kommt dit her? Der
kann sich doch janich mehr locker machen, längst hätte

der mal abtreten sollen. Aber nee, immer noch mehr Leuten Angst machen. Ick sag euch, wo dit endet. Ach nee, doch lieber nich, will euch nich ooch noch Angst machen.

Ralle: Aber Marie, biste da nicht jetzt so bisschen hart? Also mit uns, meen ick. Wir warn doch nich so schlimm.

Marie: So schlimm wie alle.

Ralle: Alle?

Marie: Ja, keene Ausnahme. Ick hör mir dit über seit über dreißig Jahren an, wat euch Männern so in die Köppe rumspukt, und irgendwann muss man ooch mal ehrlich sagen, ihr habt alle n Knall.

Dieter: Aber sag mal, Marie, hattest du nich ooch immer son polnischen Wodka?

Marie: Ja, aber den trink ick jetzt selber. Schluss für heute, trinkt aus, jeht nach Hause, heut is Frauentag. Ab jetzt.

Dieter: Aber Marie, dit is nich dein Ernst?

Marie: Doch, ick streike. Erst zwee Jahre Corona und dann ditte, ick mag nich mehr. Jeschlossen wegen Krieg, ick wollte eh noch zu meine Friseurin, kommt morgen wieder oder nächste Woche. Ick putz hier mal die Woche durch und überlege, ob ick nich doch een Café für Mütter machen sollte, ick muss ooch mal an die Zukunft denken. Ihr Männer jeht mir uff den Keks, ick jeh nach hinten, macht die Tür zu, wenn ihr fertig seid.

Dieter: Träum ick, Ralle?

Ralle: Selbst n Albtraum wär besser.

Dieter: Aber wat könn wir da machen?

Ralle: Koppstehn und lachen.

Dieter: Dafür is die Lage zu ernst.

Ralle: Vielleicht sollten wir applaudieren?

Dieter: Meenste? Ich gloobe, dit kommt nich jut an, wenn wir dit machen.

LEBEN OHNE FEIND

Robert Rescue

Da saßen wir nun. Er, der Oberst und ich, der Jäger. Also Jäger als Dienstgrad. Ist das Gleiche wie Schütze, Funker oder Grenadier, also der Dienstgrad unterhalb Gefreiter, also quasi kein Dienstgrad, sondern nur Soldat nackt.

Ich nichts auf der Aufschiebeschlaufe und er silbernes Eichenlaub und drei silberne Sterne. Er fast General und ich bald Gefreiter. Er Berufssoldat, etwa 55 Jahre alt und seit geschätzt 30 bis 35 Jahren dabei und ich Wehrpflichtiger, 22 Jahre alt und seit sechs Monaten im Dienst.

Den hatten wir gemeinsam im Lagezentrum des III. Korps. Er saß im Kommandoraum und ich draußen vor der Glotze. Die Bundeswehr befand sich erstmals in einem Auslandseinsatz, genauer gesagt in Somalia, und das erforderte einen veränderten Umgang mit der Lage, in diesem Fall hieß das, das Bild der Bundeswehr in den Medien zu erkunden. Dazu stand im Lagezentrum ein Tisch mit zwei Fernsehern, um ja nichts zu verpassen. Übernommen wurde die Arbeit vom Pressestab, und dazu gehörte ich. Wir wechselten uns in drei Schichten ab. Wenn eine Nachrichtensendung kam, notierten wir in einem Buch stichwortartig, was zur Bundeswehr gesagt wurde, machten anschließend Meldung und ließen uns das Handgeschriebene vom diensthabenden Offizier abzeichnen. Wir hatten eine Fernsehzeitschrift vor uns, und wenn es keine Nachrichten gab, dann durften wir einfach so Fernsehen schauen. Nachts alte *Edgar-Wallace*-Filme, *Winnetou*-Schinken, Wiederholungen von

Tutti Frutti mit Hugo Egon Balder oder stundenlang Musikvideos auf MTV. Wenn es um ein Uhr, zwei Uhr oder drei Uhr die aufgewärmten Nachrichten von 22 Uhr gab, gingen wir unserer Arbeit nach und machten Meldung, obwohl es meist nichts Neues gab. Zur Auswertung standen damals ARD, ZDF, dazu RTL, Sat.1, VOX und ProSieben. Ich habe schon sinnlosere Tätigkeiten in meinem Leben verrichtet.

Aufmerksame Leser der letzten Sätze werden sich fragen, in welchem Jahrhundert das gewesen ist. Das war im letzten Jahrhundert, genauer gesagt, 1993. Es war übersichtlich, wir wurden nicht verrückt dabei. Wenn ich ehrlich bin, möchte ich die Arbeit heute nicht machen. Da ist das ganze Lagezentrum vermutlich voll mit Leuten, die auf Monitore starren, sich auf Facebook, Twitter und Reddit den ganzen Scheiß reinpfeifen, dazu noch 100 Nachrichtenseiten, RSS-Feeds, 100 Fernsehsender, Stream-Radios aus aller Welt, und vielleicht schaut einer noch ein paar Versprengten auf MySpace zu.

Es mag gegen zwei Uhr morgens gewesen sein, als ich ins Zimmer vom Oberst ging, um meine Nachrichtenlage zu melden.

Ich wollte wieder raustrotten, aber der Oberst bot mir einen Kaffee an. Er wollte wissen, wie ich die Welt sah, etwa vier Jahre nach dem Ende des Kalten Krieges. Ich sagte ihm, dass ich es nicht wisse.

Ich war ein Soldat für 12 Monate, zu kurz dabei, um mir Gedanken über die Welt aus sicherheitspolitischer Sicht zu machen. Bald würde ich nach Berlin gehen, eine Freundin haben, auf Punkrockkonzerten in versiffte Klos kotzen, das Leben in vollen Zügen genießen und mich beim Arbeitsamt melden.

Natürlich wusste ich, was er meinte, ich war nur zu schüchtern gewesen, weil ich nicht fassen konnte, dass ein Offizier mit mir plaudern wollte. Ich kannte alle Atomkriegsfilme, alle *James Bond* mit den fiesen russischen Bösewichtern und natürlich

Rambo III, wo Sylvester Stallone einem Haufen Russkis den Arsch aufgerissen hatte. Aber sicherheitspolitisch? Jahrzehnte war nichts passiert und wenn ich alles richtig verstanden hatte in der *Tagesschau*, dann war der Russe jetzt auf Tauchstation und kam als Bedrohung der westlichen Freiheit nicht mehr infrage. Deutschland war, wie viele andere Länder auch, seit vier Jahren feindlos. Die Kreiswehrersatzämter hatten davon nichts mitbekommen, akribisch wie die GEMA klebten sie an jedem jungen Mann, ließen sich höchstens vertrösten, wenn einer noch zur Schule ging, und wenn dem die Argumente ausgingen, dann schnappten sie zu. Wer das nicht wollte, entschied sich für den Zivildienst, tätowierte sich ein Hakenkreuz auf die Stirn oder hatte Harvey als Freund. Ich gehörte zur Fraktion Schule und als das Argument wegfiel, habe ich es halt gemacht. Ich konnte im Stabsdienst Presse- und Öffentlichkeitsarbeit tätig sein, das machte mir Spaß. Beim ersten Schießtraining in der Grundausbildung habe ich beschlossen, nie auf lebende Ziele zu schießen, mit Ausnahme von Aliens und Zombies, wobei »lebend« im Zusammenhang mit Zombies nicht passt. Anders gesagt: Ich schieße auf Ziele, bei denen ich danach kein schlechtes Gewissen habe oder schlimmer noch, eine Psychokrise. Also Tontauben oder Orks im Computerspiel.

Der Oberst mir gegenüber war das Gegenteil. Ein ausgereiftes Produkt des Kalten Krieges, als Soldat darauf konditioniert, dass der Russe morgen früh vor der Tür stand und er ihn abwehren musste, weil er sonst seine Freiheit, seinen Wohlstand und sein Leben verlor. Ich wusste das noch von meinen beiden älteren Brüdern, die hatten ihre 24 Monate Wehrdienst auch mit diesem Drill verbracht. Die hatten mir erzählt, die die Waffen nicht in der Waffenkammer lagerten, sondern auf den Gängen vor den Stuben. Es gab den NATO-Alarm. Wer sich als Zivilist nichts darunter vorstellen kann, der stelle sich Folgendes vor:

Du schaust auf den Wecker. 7:58 Uhr. Du hast verschlafen. Du hast um acht Uhr einen wichtigen Termin. Keinen Termin, wo du jetzt anrufen kannst und sagst, dass du eine Stunde später kommst. Du musst innerhalb von zwei Minuten deine Wohnung verlassen. Du springst aus dem Bett, ziehst dir das Nächstbeste an, kein Frühstück, keine Toilette, kein Zähneputzen. Du schaffst es tatsächlich, um Punkt acht Uhr vor deiner Wohnungstür zu stehen, sogar mit Schuhen an den Füßen. Jetzt musst du es schaffen, innerhalb von zehn Sekunden in Steglitz zu sein. Du selbst wohnst aber in Reinickendorf. Du bist am Arsch.

So ähnlich ist NATO-Alarm, nur ohne Steglitz und Reinickendorf. Dafür aber mit der Möglichkeit, dass dich die Druckwelle eines Atompilzes zurück in die Stube schleudert, um dich anschließend bis auf die Knochen zu grillen, was aber Gott sei Dank nie passiert ist.

So geriet jede Nacht in der Kaserne zu einer schlaflosen, was den Vorteil hatte, dass du nach Ende des NATO-Alarms vom Zugführer gelobt wurdest für deine schnelle Reaktion.

Das hatte der Oberst vor mir erlebt. Wahrscheinlich dreimal die Woche.

Vor ihm saß eine neue Generation von Soldaten. Schluffis, die keinen NATO-Alarm mehr machen mussten, denen nicht mehr eingebläut wurde, dass morgen der Russe vor der Tür steht und dass man darauf gefälligst vorbereitet sein sollte. Einer, der nicht mehr so viel schleppen konnte, der vielleicht Rückenprobleme hatte, der keine Sportskanone war, dem der Dienst an der Waffe eigentlich schnuppe war, der das Ganze vielleicht nur als Abenteuer ohne Risiko wahrnahm. Einer, bei dem es die Bundeswehr nicht so genau nahm mit dem Drill. Die Märsche waren nicht mehr so lang wie früher, der Zehntausendmeterlauf fand nicht mehr dreimal die Woche statt oder täglich, und wenn der Soldat bei der ABC-Übung kollabierte, dann schleppte man ihn halt zum Sani und verschonte ihn künftig damit. Hauptsache, er wusste jetzt, dass es Gelegenheiten gab, wo das Aufziehen einer Gasmaske sinnvoll war. Im Theorieunterricht war keine Rede mehr von einer Bedrohung aus dem Osten. Da ging es jetzt um globale Einsätze in Gegenden, die man auf einem Globus nie gefunden hätte. Die Wehrpflichtigen juckte das nicht, sie wurden da ohnehin nicht hingeschickt, außer sie verlängerten.

Zu Beginn des Krieges Russland gegen die Ukraine ertappte ich mich gelegentlich bei dem »humorig« gemeinten Ausruf »Der Russe kommt!«. So humorig war das gar nicht. Da kam einfach der Kalte Krieg in mir hoch.

VORRATSKELLER

Heiko Werning

Sofort am ersten Tag nach dem Überfall Russlands auf die Ukraine ruft meine 91-jährige Mutter aus Westfalen mich an: »Hast du schon gehört?« Ich ahne natürlich, was sie meint, frage aber dennoch pro forma: »Was denn?« »Früher hast du dich immer lustig gemacht, wenn Papa davor gewarnt hat, dass der Russe kommt. Und jetzt ist er gekommen!« Ich seufze. Was ich Putin neben all seinen Verbrechen und Arschlochhaftigkeiten auch ganz persönlich übelnehme, ist, dass sich durch diesen Unhold jetzt all die seit Jahrzehnten herumramenternden Kalten Krieger und Aufrüstungsfetischisten bestätigt fühlen und plötzlich so triumphieren, als hätten sie gerade selbst eine Schlacht gewonnen. Wenn überhaupt irgendjemand in diesem elenden Krieg als Sieger vom Platz geht, dann wohl ausgerechnet die Erzreaktionäre im Westen. Was für ein Elend.

»Der Russe kommt!« – Für uns war das immer ein Witz, etwas, mit dem man sich über die Alten mit ihrer Ostblockparanoia lustig gemacht hat. Aber doch keine Zustandsbeschreibung für die aktuelle Weltpolitik!

»Ja, der Russe kommt«, gebe ich meiner Mutter gegenüber also zerknirscht zu, »aber doch nur in die Ukraine. Ich meine: schlimm genug. Aber zu Papas Zeiten war der Russe quasi selbst noch die Ukraine, so gesehen hat sich die Situation jetzt nicht wirklich verschlechtert seit damals.« Als mein Vater noch lebte, lebte nämlich auch die Sowjetunion noch, und niemand im Westen hätte damals groß differenziert, dass es da noch irgendwelche Gottweißwas-Volksstämme gibt. Das war alles der Russe. Insofern ist es fast ein bisschen erstaunlich, wie groß jetzt plötzlich die Solidarität mit der Ukraine ist. Vor gut 30 Jahren waren die selbst noch bedrohliche Russen für uns.

Aber meine Mutter will gar nicht weiter über Weltpolitik reden. Sie hat einen Sinn fürs Praktische: »Ich habe schon den Ölmann gerufen, damit der den Heizungstank im Keller vollmacht.« »Ja, das könnte sinnvoll sein«, gebe ich etwas widerwillig zu. Meine Mutter ist ein Kriegskind. Bei jeder weltpolitischen Krise möchte sie ihren Keller mit Vorräten für Monate vollstopfen. Obwohl dort bereits Vorräte für Jahre einlagern. Zumindest Marmeladenvorräte. Selbst gemacht, in allen erdenklichen Geschmacksrichtungen. Wenn Putin uns den Marmeladenhahn zudrehen sollte, wird er bei meiner Mutter auf Gelee beißen.

»Wenn ich noch Auto fahren könnte, würde ich erst mal Vorräte für ein halbes Jahr kaufen«, teilt meine Mutter mir mit. »Ich kann doch nächstes Mal für dich einkaufen gehen«, biete ich an. »Aber du kaufst doch sowieso nur irgendwelches Biozeugs, das nur ein paar Tage hält. Man muss Vorräte für ein halbes Jahr im Keller haben, hat dein Vater früher immer schon gesagt.« »Du hast jetzt schon Vorräte für vier Jahre im Keller!« »Aber nur Marmelade.« »Von wegen: nur Marmelade. Als ich dich das letzte Mal besucht habe, wäre ich fast über eine Palette mit Sirup gestürzt.« »Der war im Angebot. Da habe ich den Nachbarn gebeten, mir etwas mitzubringen.« »Das waren bestimmt 50 Flaschen! Mutter, du bist 91! Was willst du in deiner verbleibenden Zeit noch mit 50 Flaschen Sirup?« »Im Krieg ist Sirup sehr begehrt. Ich weiß das noch. Und von den jungen Leuten denkt ja niemand dran, genug Sirupvorräte einzulagern.« »Nein, wahrscheinlich nicht«, gebe ich zu. »Was sollte man auch damit?« »Sirup ist nahrhaft. Im

Krieg braucht man nahrhafte Sachen. Da kann ich dann der Polin immer mal eine Flasche zustecken.« »Was denn für eine Polin?« »Na, die Polin, die mich dann pflegt, wenn ich nicht mehr kann. Ihr macht das ja nicht. Ihr seid ja in Berlin.« »Und wieso eine Polin?«, frage ich entgeistert. »Das machen halt Po-linnen heutzutage. Es gibt doch gar nicht genug Pflegekräfte in Deutschland. Da kommen die halt aus Polen.« Kurze Pause. Dann sagt sie: »Aber du hast Recht. Vielleicht wird es auch eine Ukrainerin. So, wie die Dinge sich gerade entwickeln.« Ich bin etwas schockiert. »Mutter, das ist zynisch!«, beschwe-re ich mich. »Quatsch«, sagt sie, »das ist nicht zynisch, das ist realistisch. Die flüchten jetzt doch alle hierher. Jetzt, wo der Russe kommt. Aber ist ja auch egal. Die Ukrainerin freut sich jedenfalls auch, wenn ich ihr mal eine Flasche Sirup ge-ben kann, wenn Krieg ist. Und wenn du nächste Woche zu Besuch kommst, gehst du mal richtig einkaufen für mich!« »Nudeln etwa? Für ein halbes Jahr?«, frage ich etwas belustigt. Sie schnaubt verächtlich. »Lach ruhig. Ihr könnt ja gerne alle weiter auf euren Handys rumtippen und ins Internet gucken, wie ihr wollt. Wenn Krieg kommt, habe ich lieber Nudeln für ein paar Monate im Keller.«

Ich schlucke. Sie meint es ernst. Für sie ist das nicht nur ein leicht prickelndes Gedankenspiel, wie man es derzeit öfter in den Zeitungen liest oder abends an Kneipentischen hört. Sie hält einen Krieg auch bei uns für eine realistische Option. Mir kommt allein der Gedanke noch völlig abwegig vor, so, wie ich eben mein Leben lang über die »Der Russe kommt«-Sprüche gelacht habe. Aber was, wenn ich mich auch in dem Punkt irre? Bis gestern hätte ich es noch für ausgeschlossen gehalten, dass Russland einfach so in die Ukraine einmarschiert. Abgesehen davon, dass ich es vor zwei Jahren für völlig ausgeschlossen gehalten hätte, dass wegen einer Pandemie sämtliche Läden dicht gemacht würden und man über ein Jahr lang nicht mehr frei reisen konnte. Und doch ist das alles passiert. Vielleicht sollte man sich einfach nicht allzu sicher sein in allem.

Meine Mutter spürt meine Beklommenheit, jetzt tut es ihr leid. »Ach, Junge«, sagt sie. Ich kenne diesen Tonfall von früher, sie will mich trösten. »Ach Junge, ich habe ja schon mal einen Krieg mitgemacht. Glaub mir, das kann man alles überleben. Und Nudeln schmecken auch mit Marmelade ganz gut!« Ich weiß nicht – früher fand ich den Trost meiner Mutter irgendwie ... tröstlicher. Es sind beunruhigende Zeiten.

DAS GEHT RUNTER WIE KLOPAPIER

Thilo Bock

Darf man sich lustig machen über die Sorgen und Nöte anderer Menschen? Ist es statthaft, mit den Fingern auf die zu zeigen, die notorisch von Existenzängsten verfolgt sind, weil ihr Leben nicht so weitergeht wie sie das einst in der Tanzschule gelernt haben, getreu dem Motto: Höflichkeit ist eine Zier, doch es geht auch ohne ihr?

Soll heißen: innere Verdorbenheit muss man sich auch leisten können. Mich beeindruckt das durchaus. Beim Höchststand der Corona-Inzidenzien alle Vorsicht fahren zu lassen, ist fast so stilsicher wie die auf Golfplätzen vorherrschende Mode. Karierte Knickerbocker und türkise Kniestrümpfe? Why not! Die Freiheit nehm ich mir einfach!

Unsere Freiheit wird schließlich weder am Hindukusch noch am Asowschen Meer verteidigt, sondern an der Tankstelle. Und da verstehe ich die heißen Tränen der geschundenen Besserverdienenden ob der Sorge, dass die Spritkosten für die höhergelegte Familienkutsche die Verfügungsmasse ihrer Debitkarte sprengen könnten und sie fortan auf die bereits vor ziemlich genau zwei Jahren gehamsterten Vorräte zurückgreifen müssten. Oder ist das Mindesthaltbarkeitsdatum der Nudeln längst abgelaufen? Stirbt man beim Verzehr derselben dann womöglich einen plötzlichen Ekeltod? Besser also, das Zeug den armen Menschen in der Ukraine zu spenden. Bei der schlechten Beleuchtung im Luftschutzkeller dort können die das Datum auf der Verpackung eh nicht lesen.

Schon schlimm das alles. Noch viel schlimmer aber ist allein die Tatsache, dass man sich zukünftig Gedanken darüber machen könnte, lieber mal den Zweitwagen in der Garage stehen zu lassen und vielleicht mit dem Fahrrad zum Hypereinkaufszentrum am Ortsrand zu holpern. Klar, da passen dann nicht so viele tolle Sachen auf den Gepäckträger. Und auf dem Heimweg sieht gleich jeder Nachbar, dass man den Senf in einer nicht mehr handelsüblichen Menge erworben hat. Da macht man doch lieber gleich einen Insta-Post draus. Guckt mal wie clever ich bin! Der Klügere lagert halt ein.

Ich war heute auch einkaufen. Im Supermarkt bei mir ums Eck. Und weil ja jetzt überall von der Ölkrise die Rede ist, also jetzt Sonnenblumenöl, habe ich das entsprechende Regal aufgesucht. Rein aus Interesse. Und tatsächlich. In der untersten Regalreihe klaffte eine große Lücke. Alle anderen Öle waren vorrätig. Olive, Raps, Distelkern, Kürbiskern, Maiskeim, Erdnuss, Mohn, Leinsamen, Traubenkern. Nur das billigste fehlte, das ungesundeste von allen, bestehend aus mehrfach ungesättigten Fettsäuren, das man höchstens zum Frittieren benutzen sollte. Frittieren die Menschen plötzlich alle wie verrückt? Gibt's dafür nicht inzwischen Heißluftfritteusen? Oder ist das nur westliche Propaganda im Werbefernsehen?

Jetzt wo Corona dank der FDP-geführten Regierung vorbei ist, muss man doch auf seine Linie achten. Da fallen Pommes wohl erst mal weg. Wo wir schließlich alle zugelegt haben, weil wir brav zu Hause geblieben sind vor unseren Flachbildschirmen mit Bier und größeren Snacks. Oder haben manche Menschen da was zu verbergen? Müssen die sich jetzt schnell noch was auf die Hüften schaffen, damit nicht auffällt, dass sie die letzten zwei Jahre nicht das Sofa gehütet haben? Weil sie vielleicht andauernd spazieren waren, also spazieren mit Anführungszeichen, so rein quergedacht. Da sollen ja viele Putinversteher dabei gewesen sein. Hängt denen jetzt etwa was quer im Hals wie ein zu großzügig gegriffener Stapel Chipsletten?

Die sollte man übrigens auch bevorraten. Sonst nimmt uns der Russe noch jeden Knabberspaß. Die deutsche kartoffelverarbeitende Industrie schlägt bereits Alarm: Alle guten Kartoffelprodukte enthalten Sonnenblumenöl und das nicht zu knapp. Chips, Kroketten, Rösti und natürlich Pommes frites bestehen quasi aus Sonnenblumenöl, also jedenfalls mindestens zu zehn Prozent. Und wenn in diesem Jahr die ukrainischen Felder unbestellt bleiben, könnte die heimische Snackschale bald ebenso öd und leer bleiben wie ein niedergebrannter Landstrich.

Rund die Hälfte aller weltweiten Sonnenblumenölexporte kommen nämlich aus der Ukraine, weitere 25 Prozent aus Russland. Und na ja, vielleicht reist Minister Habeck ja demnächst in die Türkei, um, so als würde er ins unterste Regalfach greifen wollen, mit formvollendeten Knicks vor Recep Tayyip Erdoğan Nachschub für die Bundesspeiseölreserve zu sichern.

Mehl ist ja jetzt auch wieder knapp. Vorhin im Supermarkt gab es nur noch letzte Reste Dinkelmehl. Dabei importiert Deutschland den Weizen, der nicht hier wächst, eher von EU-Nachbarn. Solange nicht schlimme Unwetter die gesamte europäische Ernte vernichten, müssen wir uns da ja keine größeren Sorgen machen. Und ansonsten fliegt der Robert eben mal schnell nach China.

Andererseits, wer braucht schon Mehl? Damit muss man ja erst mal was backen. Ich machte mir vorhin lieber einen Reim auf Backen und steuerte, auch um alle Klischees bestätigt zu wissen, das Toilettenpapierregal an. Doch was soll ich sagen? Das Regal war voll! Und selbst von meiner bevorzugten Sorte, die die alles wegwischt, gab es reichlich.

Als ich in den vergangenen Tagen schon mal aus persönlichem Interesse und wegen geringer Weitsichtigkeit meiner Haushaltung woanders geschaut hatte, gab's diese Sorte nirgends, nur massenhaft No-Name-Papier. Und so was? Nein, da müsste die Rote Armee schon auf den Seelower Höhen stehen. Bezüglich ihrer Verdauung verhalten sich die Deutschen offenbar reziprok zur Ernährung. Greifen sie bei Mehl und Speiseöl gerne zur billigsten Variante, verlangt die penible Poperzepolitur das extraweiche Markenprodukt.

Jetzt also lag es dort im Regal, meine liebste Rollenware, 1a Qualität. Und nicht nur das. Sie war im Sonderangebot! Was war das denn für eine Idee von Kapitalismus? Da herrscht bei bestimmten Produkten akute Verknappung, und anstatt die Preise dafür anzuheben, wie das jeder vernünftige Scheich machen würde, gab's noch einen Rabatt drauf. Eine teuflische Idee! So provoziert man also Hamsterkäufe. Und natürlich juckte es dem kleinen Hausmann in mir drin sogleich heftigst in den Fingern. Ich könnte ja mindestens, also zwei Pakete, in jeder Hand eins, das würde schon gehen. Nur musste ich ja gehen. Und ich gebe zu, sehr lange war es mir peinlich, mit einer dieser unförmigen Verpackungen unterm Arm gesehen zu werden, so als wollte ich mich anderen Menschen gegenüber nicht outen, dass mein Körper verdaut. Da musste enorm viel mehrlagiges Papier durch die Kanalisation gespült werde, bis ich mich an die Realität dieser Notwendigkeit gewöhnt hatte.

Das meiste, was man sonst so für den täglichen Bedarf einholt, kann man in Taschen und Rucksäcken verbergen – bis auf Getränkekästen und eben Toilettenpapierpakete. Und alle können sehen, wie man seine Freizeit verbringt.

Jetzt aber war der Erwerb von aufgerolltem Zellstoff nicht mehr bloßes Zeichen dafür, auch nur ein alter Scheißer zu sein, nein, nun machte man sich zudem noch verdächtig, raffgierig zu horten. Das konnte ich nicht mit meinem Stolz verantworten. Kurz erwog ich, gar kein Toilettenpapier zu kaufen, doch hatte ich zu Hause ja nicht mal mehr alte Zeitungen, die sowieso eher in den Altpapiercontainer gehören, weil die deutsche Papierindustrie ja dringend Nachschub braucht. Die Krankenkassen können ja nicht mal mehr Briefe schreiben mit Impfeinladungen. Wir sind wirklich am Arsch, nicht nur wegen des Klopapiers.

Zu Hause angekommen, checkte ich die neuesten Nachrichten. Eilmeldung: Senf wird knapp. Früher hätte mich das als Senfjunkie nicht tangiert. Als Nachfahre meiner im letzten Weltkrieg geborenen Eltern habe ich die Vorratshaltung mit der Ersatzmilch aufgesogen. Da hat auch schon mal wie Loriots »Mein Name ist Lohse, ich kaufe hier ein« gleich eine ganze Palette Senf ihren Platz im Küchenschrank gefunden. Aber bitte nur den mittelscharfen, denn der mit der richtigen Schärfe, die einem beim Essen schnell mal beißend in die Nase steigt, verliert seine Bissigkeit bei zu langer Lagerung.

Immerhin kann man sich den Mostrich noch ins Gesicht schmieren, enthält er doch Vitamin E und die berühmten Antioxidantien. Das Internet verspricht zumindest eine die Haut belebende Wirkung. Von Sonnenblumenöl ist dergleichen nicht bekannt. Und wenn man das aus reiner Verzweiflung trinkt, gibt's Durchfall. Und den kann sich ja keiner leisten, wie sehr sich der Kreis dann auch schließt.

Man könnte das flüssige Gold natürlich einfach in den Tank kippen, so als klimaschonende Maßnahme. Weil: Lange verträgt ein guter deutscher Motor keine ungesättigten Fettsäuren. Da bräuchte es schon eine robuste Osteuropakutsche wie den Lada. Aber der darf ja nicht mehr aus Russland importiert werden.

AUF BIEGEN UND BRECHEN

Robert Rescue

Es sind unruhige Zeiten, und in solchen Phasen rufen die Menschen nach Superhelden, die alle Probleme lösen können. Leider verfügt die Menschheit über keinen Superman, Hulk oder Captain America. Die Einzigen, die infrage kommen, sind Braveheart McConnor, der bei den Highland Games in Schottland seit Jahren den Rekord im Baumstammwerfen hält, der kroatische Wunderheiler Braco, der einfach nur schaut und die Leute damit zwingt, was Vernünftiges zu tun und der Clown Beppo, der im *Zirkus Schwappdiwapp* zwischen Hamburg und Stuttgart tourt und Witze erzählt, die richtig gut sind und auf die kein Comedian jemals kommen würde. Und es gibt noch Uri Geller, den unglaublichen Löffelbieger. Früher war er ein Star, gebannt sahen die Fernsehzuschauer ihm dabei zu, wie er mit seinen mentalen Kräften Omas Erbbesteck unbrauchbar machte, und eroberte damit ihre Herzen. Während die anderen genannten Superhelden noch recht gut im Geschäft sind, ist Uri Geller für viele nur noch eine Erinnerung an samstägliche Fernsehabende mit dem Programm von ARD und ZDF, also das, was damals die Glotze ausmachte.

Jetzt aber ist er zurück auf der Bühne des Weltgeschehens, und zwar mit einer Warnung an Wladimir Putin. Er droht den Einsatz seiner Superheldenkräfte an, will sogar die theoretischen Löffelbiegefähigkeiten aller Menschen bündeln und somit die Gefahr eines Atomkriegs bannen. Er wisse, so Geller, dass es »Gerüchte und Berichte« gebe, nachdem Putin den

Einsatz strategischer Atomwaffen erwäge. Die Luft knistert regelrecht, endlich stellt sich dem russischen Aggressor jemand entgegen, der mehr auf dem Kasten hat, als in Aussicht zu stellen, Waffen oder Munition zu liefern.

Er habe gehört, Marinestützpunkte an der schottischen Westküste seien besonders bedroht und spätestens ab dem Punkt wird der hoffnungsvolle Leser von Uri Gellers Tweet misstrauisch. Wie, zur Hölle, kommt er auf Marinestützpunkte an der schottischen Westküste?

Schließlich zählt der Schutz der Zivilbevölkerung, der Schutz von Kultureinrichtungen, die Erhaltung des öffentlichen Nahverkehrs, der Weiterbetrieb von Hollywood und Netflix mehr als irgendwelche Marinestützpunkte in Schottland.

Des Rätsels Lösung: Uri Geller gehört eine kleine, unbewohnte Insel namens Lamb Island, die er im Übrigen zu einem eigenen Land samt Staatsbürgerschaft, Flagge, Hymne und Verfassung erklärt hat. Einige andere Umstände, die Gellers außerordentliches Interesse an dieser Insel und Schottland generell erklären, wie der Glaube an eine historisch ägyptisch-schottische Verbindung durch die Reise der Halbschwester des Pharaonen Tutanchamun, Scota, nach eben dorthin, und der Glaube, es befände sich ein Schatz auf der Insel, den er durch eine Kristallkugel, die Albert Einstein gehört hat, lokalisiert haben will, und der Umstand, dass der Kauf der Insel durch die Hürde erschwert wurde, dass er mittels Telekinese 1996 ein Fußballspiel zwischen England und Schottland zu Ungunsten Schottlands manipuliert hat, würden jetzt nur verwirren.

In einem Interview mit dem Qualitätsmedium *VICE* sorgt sich Geller um die möglichen 200.000 Opfer, die ein Angriff auf Schottland haben könnte (hat Schottland so wenig Einwohner?) und fürchtet sich vor der atomaren Wolke, die nach dem Untergang Schottlands über den Atlantik in Richtung USA weht. Einfach schrecklich. Sowohl die Zukunftsaussicht als auch das Interview mit *VICE*.

Wie nun will der israelische Mentalist Putin in die Knie zwingen? Ganz einfach. Uri Geller will jedes einzelne Molekül seiner Mindpower dazu verwenden, die Atomraketen umzulenken und nach Russland zurückzuschicken.

Und damit diese Magie ihre maximale Effektivität erreicht, sollen alle Menschen mithelfen. Dazu muss sich jeder einzelne nur fünf Sekunden am Tag ein strahlendes Energiefeld vorstellen. Wenn also jeder mitmacht, entsteht ein riesiger Schirm am Himmel und schützt die westliche Welt. Putin, nimm das!

Für den unwahrscheinlichen Fall, dass Putin nicht vor Ehrfurcht erstarrt vor Gellers Mindpower, lässt dieser durchblicken, dass es noch »Kräfte« gebe, die »weit, weit größer« seien, als der Russe es sich vorstellen könne.

Sollte es also nicht klappen, alle Menschen für den Schutzschirm zu mobilisieren, weil sie unkonzentriert an so Sachen denken wie Essen kochen, Sex oder das Fernsehprogramm, dann muss Geller die »weit, weit größeren Kräfte« einsetzen, und ich will gar nicht wissen, was dann passiert.

Liest man sich Uri Gellers Wikipedia-Eintrag durch, quält sich durch das Interview mit *VICE* und krönt das Ganze mit dem Rest, was über ihn im Internet steht, kommt man zu dem Schluss, dass Geller einige Löffel zu viel im Leben verbogen hat.

Aber den Mentalisten lässt ein solcher Vorwurf kalt. Ihm ist bewusst, dass über ihn kontrovers berichtet wird, aber solange diese Neider seiner Fähigkeiten wenigstens seinen Namen korrekt buchstabieren können, ist ihm die Kritik egal. Aber wehe, einer scheitert daran, dann wird aus demjenigen der Suppenlöffel von Oma Inge von 1903. Geller ist davon überzeugt, dass Putin an übernatürliche Kräfte glaubt und deshalb seine Warnung ernst genommen hat. Im *VICE*-Interview deutet er an, dass er auf seine Mahnung hin einen Brief aus dem Kreml erhalten habe, aber über den Inhalt nicht sprechen dürfe.

Es steht zu vermuten, dass Putin himself auf ein Papier im Format DIN A00 (darunter macht er es nicht) einen Stinkefinger gezeichnet und diese »Antwort« mit einer Ausscheidung versiegelt hat.

Sollte es aber unwahrscheinlicherweise doch so sein, dass Putin um Gnade gefleht und jeden Gedanken an einen Atomkrieg verworfen hat, dann werde ich nächstes Jahr zu Uri Gellers Museum nach Tel Aviv pilgern und mich vor dem 16 Meter langen Suppenlöffel aus Kupfer vor der Eingangstür in den Staub werfen und, im Namen aller Zweifelnden, um Vergebung bitten.

Ich schwöre.

SPENDEN FÜR DIE UKRAINE

Frank Sorge

Die Erstklässler sind im Moment dabei, für den Sachkunde-
unterricht kleine Kriech- und Krabbeltiere zu untersuchen.
Erst einmal müssen sie überhaupt welche finden, sie einfan-
gen und in Beobachtungsgläser sperren. Das sind Lupen, bei
denen man das Tier nicht totmachen muss, um es eingehend
zu untersuchen. Das wäre sonst sicher befremdlich, wenn die
Lehrerin ansagen würde: »So, liebe Kinder, heute untersuchen
wir Insekten. Grabt mal die Erde da um, schaut, was ihr findet,
schlagt es platt und legt die Reste hier auf den Tisch, damit
ihr mit der Lupe was sehen könnt.« Nicht so befremdlich für
mich, denn meine Generation ist eine andere, da wurde noch
standardmäßig alles totgestochen, eingelegt, gepresst, Hauptsache, es bewegte sich nicht mehr. Das war einmal, es sind
Zeiten angebrochen, in denen man behutsamer mit der Natur umgeht. Das Insekt wird nur kurz eingesperrt, und man
kann praktischerweise das Tier sogar in Aktion beobachten,
dann entlässt man es wieder in die Freiheit. Unterschiede werden nicht gemacht, es sind alle gleich wertvoll: Ohrenkneifer,
Ameise, Made, Wasserläufer.

In den großen Pausen gibt es gelegentlich Kuchenverkäufe
in der Schule, um Geld für die Ukraine zu sammeln. So erzählen es die Kinder. Erst bedauernd, weil sie kein Geld dabei
hatten, dann klagend, nachdem ich ihnen Kuchengeld in die
Schulranzen getan hatte, und sie hoffnungsvoll mit Geld in
der Schlange gestanden haben, aber der Kuchen alle war, bevor

sie an der Reihe waren. Wer da genau sammelt, kann ich nicht sagen, vielleicht der Förderverein, vielleicht einzelne Klassen, aber dass es für die Ukraine ist, wird schon stimmen.

Heute aber hätte sie es schon unfair gefunden, erzählt meine Tochter, was passiert wäre. »Was denn?«, frage ich und staune. Offenbar haben diverse Kinder der eigenen und anderer Klassen Verkaufsstände errichtet, um kleine Dinge zu verkaufen. Kein Kuchen, kleine Spielzeuge oder Selbstgebasteltes. Sie hätte also mit ihren Freunden etwas Geld eingenommen, an ihrem Verkaufsstand, als sie dann wiederum aber andere Dinge von anderen Kindern kaufen wollten, reichten die Einnahmen nicht, und sie steuerte einen Euro aus ihrem Taschengeld bei, der noch in ihrem Schulranzen war.

»Na ja, du hast einfach was mit deinem Geld gekauft und es deinen Freunden geschenkt, das war immerhin sehr nett von dir. Hast du dir denn wenigstens auch selbst etwas gekauft?«

»Ja.«

»Okay.«

Aber glücklich ist sie trotzdem nicht, denn ihr Euro ist ja jetzt weg, und die anderen hatten nichts zusätzlich investiert.

»Aber ist doch egal, wenn das dann gespendet wird, das bekommst du einfach von mir wieder.«

Manche Kinder wollten das Geld von ihrem Stand lieber behalten, erzählt sie weiter, das fände sie alles einfach unfair. An ihrem Verkaufsstand müsse künftig niemand mehr was bezahlen.

»Also habt ihr nicht für die Ukraine gesammelt?« Langsam leuchtet mir ein, was passiert sein könnte. Ungehemmter, ungezügelter Kapitalismus. Inspiriert vielleicht vom regelmäßigen Kuchenstand, und weil deswegen bei den Kindern überhaupt eine gewisse Geldmenge in den Ranzen versteckt ist, hat irgendein Kind damit begonnen, kleine Dinge zu verkaufen, Figuren aus Überraschungseiern, Buttons, was immer sich am Boden eines Schulranzens so über die Monate in den Ritzen ansammelt, um die schlummernden Geldressourcen abzuschöpfen. Das Beispiel macht Schule, wie bei anderen Spielen auch, plötzlich errichten alle ihre eigenen Verkaufsstände, und der Markt explodiert.

Mein Sohn mischt sich ein, ein Mädchen hätte sogar angefangen, Erdnussschalen zu verkaufen, an denen sie jeweils ein Blatt geklebt hätte.

»Für einen Euro«, regt er sich auf, »für etwas, dass man einfach selbst machen kann.« Er bekommt sich gar nicht mehr ein. »Da würde ich höchstens, vielleicht zehn Cent für bezahlen. Oder zwei. Das Material liegt einfach so rum, ein Euro für eine Erdnussschale...«, kopfschüttelnd trottet er weg.

Dieses Mädchen, so erzählt meine Tochter weiter, hätte auch nichts von anderen kaufen wollen, sondern wollte alles Geld für sich behalten. Und ein anderer Junge auch.

Das waren die Profiteure. Sie spielten das Spiel mit, wirtschafteten aber in die eigene Tasche, entweder mit einem sinnlosen Produkt, Erdnussschale mit Blatt, oder durch windige Tauschgeschäfte, wie sie für den Jungen andeutet, der womöglich sogar das Spiel selbst initiiert hat. Vorbei war das Spiel vermutlich in dem Moment, wo die eigentliche Geldmenge, die das Marktspiel überhaupt erst ausgelöst hatte, abgeschöpft war. Am Schluss also mindestens zwei Kinder, die ein beträchtliches Plus verzeichnet haben werden, andere, die gar kein Geld mit eingebracht haben, aber im Prozess irgendein Spielzeug erwirtschaftet haben, das sie vorher nicht hatten. Und dann gibt es die, die sich zur Investition haben verleiten lassen und am Ende leer ausgehen.

»Aber du hast keine Erdnussschale gekauft?«, frage ich vorsichtig nach.

»Nein«, lacht sie, und wie aufs Stichwort kommt mein Sohn wieder dazu und deklamiert: »Ein Euro für eine Erdnussschale, das ist ja auch zu blöd. Man kann gar nichts machen mit der Erdnussschale...«

»Sah sie denn wenigstens hübsch aus?«

Die Kinder starren mich unverständig an.

»Ihr solltet gar kein Taschengeld in die Schule nehmen«, sage ich. »Sonst passiert so etwas immer wieder. Wenn ich euch einen Euro für Kuchen reinlege, dann benutzt den wirklich nur dafür. Der ist dann für die Ukraine, nicht für Alina.«

Am nächsten Tag wollen sie kleine Spielzeuge mitnehmen, die sie nicht mehr brauchen, der Kapitalismus lässt sie nicht los. Einmal warte ich noch ab, was sie auf diesem Feld Weiteres erlebten haben, dann muss man das den Erziehern doch sagen, dass sie unterbinden sollten, dass echtes Geld getauscht wird. Der Markt regelt das nämlich nicht.

Die Kinder sind oft mein Beobachtungsglas, in diesem Fall Lupen, hinter denen man nicht einmal jemanden einsperren muss. Denn genau so läuft es bei uns Erwachsenen doch ab, wenn nichts reguliert wird.

VEGETIEREN IN DER SECHSTWOHNUNG

Volker Surmann

Der Krieg in der Ukraine fordert immer mehr Opfer, auch in Westeuropa, auch dort, wo man sie nicht erwartet. Ein Besuch beim Oligarchengattinnenhilfswerk »Goldene Brücke«.

Ludmilla möchte ihr Gesicht nicht zeigen und verhüllt ihr Antlitz mit einem Seidenschal von Gucci. »Diese Militäroperation hat mich entstellt!«, stöhnt sie mit gebrochener Stimme. Vor drei Wochen hätte sie zur Botox-Behandlung nach Kazan fliegen sollen, doch die 41-jährige russische Oligarchengattin konnte nicht starten. Kein Flug, die Kreditkarte gesperrt, da ihr Mann mehrere Rüstungsfabriken in Uljanovsk besitzt und zu Wladimir Putins Duzfreunden zählt. Seither ist Ludmilla in Westeuropa gefangen und hat wieder Krähenfüße im Gesicht. Zudem leidet sie unter den beengten Wohnverhältnissen: Seit vier Wochen muss sie allein in einem Dreizimmerpenthouse in Berlin-Mitte ausharren. »Es ist so würdelos!«, gesteht sie uns. »Der Pool unserer Yacht ist größer als diese Wohnung! Dieses Loft ist doch bloß unsere ...« – sie zählt an den Fingern nach »adin, dva, tree, chye-tir-ye, pyat, chest« – »... bloß unsere Sechstwohnung! Ein Renditeobjekt, das nie zum Wohnen gedacht war! Schauen Sie, die Küche! Nichts ist da!«

Wir schauen in die makellos glänzende Bulthaup-Küche aus gebürstetem Edelstahl mit diamantbesetztem WMF-Espressovollautomaten und Suppenkellen aus Sterlingsilber. Alles ist da, was eine Küche auszeichnet, aber Ludmilla meint vor allem die fehlende Haushälterin. »Soll ich etwa selber ...?« Sie kann nicht weitersprechen, die Stimme stockt, Ludmilla ist eine vom Krieg gezeichnete Frau.

»Das *Borchardt* hat einen geheimen Lieferdienst«, flüstert ihr beruhigend Beate von Matt zu und führt die zitternde Milliardärin zu einer billigen Récamiere aus dem Hause Dior, wo sie sich etwas erholen kann. Dann verschafft sie ihr einen Termin in der privaten Schönheitschirurgie in Wannsee. »Das ist das Mindeste, was wir tun können. Kleine Schritte zur Normalität, praktische Menschenliebe«, erklärt die ehrenamtliche Helferin des Zehlendorfer Rotary Clubs und Mitbegründerin des Oligarchengattinnenhilfswerks »Zoloto Most«, zu Deutsch: Goldene Brücke.

»Dieser schreckliche Konflikt fordert so viele Opfer. Und Oligarchengattinnen gehören zu den am schlimmsten Betroffenen.« Völlig unverschuldet hätte sie der Krieg beim arglosen Shoppen in Dubai, Paris oder Mailand getroffen oder, wie Ludmilla, beim Après-Ski in St. Moritz. Mit nur vier Louis-Vuitton-Koffern am Leibe bzw. in ihrer dortigen Fünf-Sterne-Suite, war ihr der Rückweg zur Mittelmeeryacht in Nizza verbaut, der Privatjet der Familie darf im europäischen Luftraum nicht mehr starten. »Aber wir konnten Sie mit dem Learjet von Susanne Klatten ausfliegen«, freut sich Beate von Matt. Doch in der deutschen Hauptstadt kam Ludmilla in Kontakt mit einem Berliner Taxifahrer und muss seither psychologisch betreut werden. Er weigerte sich standhaft, Schweizer Franken anzunehmen – das einzige Bargeld, das die Russin bei sich führte.

»Dabei ist schon die Barzahlung eine große Herausforderung, auch hygienisch!«, erklärt uns Dr. Mathilde Thyssen, die der Goldenen Brücke als Kapitalpsychologin zur Seite steht. Sie ist auf die Behandlung Superreicher spezialisiert. »Das ist ein schwieriger Lernprozess, dass das Geld, das man in Händen hält, zuvor anderen gehört hat. Das ist vielen unserer Klientinnen gar nicht so bewusst.«

Die Goldene Brücke finanziert sich aus Spenden von Rotary- und Lions-Clubs, Industriellenwitwen und hauptberuflichen Erbinnen. Erfahrene Millionärinnen unterstützen bei Behördengängen und Geldanlage oder helfen mit Sachspenden, Gold oder privaten Justiziaren aus.

»Es ist unglaublich, was man diesen traumatisierten Frauen antut!«, schimpft Beate von Matt. »Die Dame vom Bürgeramt war partout nicht zu einem Hausbesuch bereit, um Ludmillas Anmeldung entgegenzunehmen. Sie musste persönlich erscheinen, auf einem Amt, wie im Sozialismus!« Zum Glück stellte Friede Springer kurzfristig Leiblimousine und -chauffeur zur Verfügung. »Noch schlimmer war es eigentlich nur bei der Sparkasse!« Dort wollte Ludmilla ein deutsches Konto eröffnen. Doch der Filialleiter machte einen »irren Aufstand«, als sie ihre Handtasche öffnete und 80.000 Schweizer Franken einzahlen wollte. »Sprach was von Geldwäsche! Was für ein Quatsch, das war nur ein kleines Handgeld!«

Putins Militäroperation schnitt viele Oligarchengattinnen von Versorgungsrouten ab, vor allem dem Devisennachschub, erläutert Dr. Thyssen und fordert von der internationalen Gemeinschaft unverzügliche »monetäre Fluchtkorridore für russisches Geld«.

Doch die Hilfsbereitschaft im deutschen Geldadel ist riesig. Vor allem, seit So-yeon Schröder-Kim die Schirmherrschaft der Goldenen Brücke übernommen hat. Sie versteigerte 20 handsignierte Kunstdrucke ihrer Heiligenikone »Moskauer Gebet«. Eine halbe Million Euro kam so zusammen. »Aber das ist nur ein Tropfen auf den heißen Stein. Das reicht gerade mal für einen Maybach«, gibt Thyssen zu bedenken, »Und es gibt so viel mehr betroffene Frauen, die gerade ohne repräsentatives Fahrzeug dastehen!«

Ortswechsel. Im Salon einer Fabrikantenvilla in Bielefeld türmen sich edle Faltschachteln. Hiltrud Oetker-Krupp, Stiefnichte von Puddingbaron Rudolf-August Oetker sortiert gespendete Luxusuhren und Schmuck. Im Minutentakt fahren Privatchauffeure vor und liefern ab, was Deutschlands Superreiche nicht mehr brauchen. Auf der polierten Tischplatte aus Nussbaumwurzelholz bilden sich kleine Stapel: Uhren von Rolex, Hublot und Breitling, Schmuck von Cartier, Winston, Bvlgari. Doch die Wohltäterin ist nicht zufrieden: »Erschreckend, wie viele hier billigen Swarovski-Strass entsorgen! Das kann man vielleicht einer Zahnarztgattin aus Kiew andrehen, aber doch nicht der Ehefrau eines russischen Ölmagnaten!«

Auch weiße, sehr teure Markenturnschuhe in Kinder- und Jugendgrößen stapeln sich. »Wir dürfen ja die Kleinen nicht vergessen! Auch die brauchen einen Nachschub an frischen Statussymbolen. Wie stehen sie sonst da in ihren Schweizer Internaten!«

Überhaupt Kinder. Als wir das Thema bei Ludmilla ansprechen, beginnt sie zu weinen. »Mein Mann und ich sind im siebten Monat«, seufzt sie, und wir sind überrascht, denn Ludmilla hat die Figur einer russischen Eiskunstläuferin. »Das macht natürlich eine Leihmutter«, erklärt sie. »Aber wir erreichen sie nicht in Mariupol, hoffentlich ist sie nicht kaputt!« Ludmilla wischt sich ein paar Tränen von den Krähenfüßen: »Ich denke dauernd an unseren ungeborenen Sohn: Was kann denn unser kleiner Wladimir dafür?«

FREEDOM DAYS

MAI – JULI 2022

HINTER DER LAGE, NICHT VOR DIE LAGE

Robert Rescue

»Ach, du Scheiße«, ruft Generalmajor Kasulke aus, als er das Schreiben des Berliner Senats aus dem Faxgerät zieht. Alle, vom Generalmajor bis zum Schützen, hatten es beim Kommando Territoriale Aufgaben der Bundeswehr befürchtet – der Berliner Senat hat mal wieder ein Wehwehchen und anstatt Hilfe in den eigenen Reihen zu organisieren oder Hilfsorganisationen um Beistand zu bitten, holt er die große Keule heraus. Eigentlich will der Generalmajor das Schreiben gleich wegschmeißen und behaupten, das Faxgerät sei von russischen Söldnern gestohlen worden, aber dennoch wirft er einen Blick darauf:

>*Lieber Generalfeldmarschall,*

wir haben mal wieder ein Problemchen, das bestimmt bald zur nationalen Krise wird, wir schwörn. Es geht um diese Sache mit den Flüchtlingen aus der Ukraine. Daher wollen wir einen Amtshilfeantrag stellen und erbitten die Überstellung von Menschen, die uns bei dem Wust an Bürokratie helfen, den Flüchtlinge halt so mit sich bringen, haha. Sollten S75ie noch weitere Menschen erübrigen können, würden wir die auch nehmen. Könnten die vielleicht Waffen tragen? Gerne Maschinengewehre und diese hübschen Panzerabwehrrohre, die man wie Handtaschen an der Schulter trägt. Die würden wir einsetzen, um diese alten Säcke am Hauptbahnhof vom Begrapschen ukrainischer Frauen abzuhalten.

Bitte schnell und positiv antworten!«

»Es heißt Soldaten, nicht Menschen«, ereifert sich der General-major. »Wenn jemand unsere Hilfe in Anspruch nehmen will, dann sollten die angeforderten Kräfte auch entsprechend ihrem Einsatzzweck benannt werden und nicht nach irgendwelchen Zivilisten-Sprachregeln. Und dann sollen sie auch noch Waffen tragen. Sind die völlig bescheuert?«

Die Bundeswehr steht derzeit im Fokus der Öffentlichkeit. Seit dem Überfall Russlands auf die Ukraine weiß man, dass es eine robuste Landesverteidigung braucht. Langhaarige Hippies, die meinen, man könne Blumen unter Panzerketten legen, um sie aufzuhalten, sind passé. Benötigt werden Frauen und Männer mit Nerven aus Stahl, die 800 Schuss Munition pro Minute verschießen können, ohne mit der Wimper zu zucken. Der Berliner Senat, so wird hinter vorgehaltener Hand gemunkelt, wünsche sich diese Kräfte, schließlich liegt die Hauptstadt dem Kriegsgeschehen näher als beispielsweise Koblenz oder Garmisch-Partenkirchen. Zudem würden bewaffnete Soldaten, die den üblichen deutschen Packen an Formularen aushändigen, das Sicherheitsgefühl der Flüchtlinge enorm erhöhen. Auf ziviler Seite habe Berlin vergeblich versucht, dem Zustrom an Flüchtlingen Herr zu werden. Viele Bedienstete des Landes haben sich als Freiwillige in der internationalen Brigade gemeldet, um im Stabsdienst Hefter zu lochen und Blätter zu falten. Der Rest sei unabkömmlich, weil mit der Bearbeitung von Wohngeldanträgen in sozialen Brennpunkten ausgelastet.

»Wir sind hinter derLage und kommen nicht vor die Lage«, sagt ein hochrangiger Beamter, und es klingt, als sage er dies öfter.

Die Bundespolitik ist genervt. Die FDP-Verteidigungsexpertin Marie-Agnes Strack-Zimmermann wird vorgeschickt, um den Vorstoß Berlins zu stoppen: Die Bundeswehr sei »kein erweitertes Hilfswerk«, las sie via Twitter die Leviten, Berlin müsse mal aus seiner »Gemütlichkeit« herauskommen und soll es beim zivilen Katastrophenschutz versuchen. Das Technische Hilfswerk erklärte auf Nachfrage: »Wir haben Hilfe angeboten. Normalerweise machen wir zwar Bergung und Logistik, aber Formulare ausfüllen kriegen wir auch hin. Der Senat hat aber abgelehnt mit dem Hinweis, wir hätten nicht so »schöne Uniformen und keine Waffen«.

Die Bundeswehr begründet ihre Abfuhr mit dem Hinweis, »jeden, aber auch wirklichen jeden Soldaten« für die NATO-Verteidigung zu benötigen, weil man ja nicht wissen könne, wie weit der Irre aus dem Kreml noch gehe. Intern ist man erleichtert über die dramatische Veränderung der Weltlage, die es ermöglicht, die hanebüchenen Amtshilfeanträge der Berliner Verwaltung abschmettern zu können. »Außerdem«, so fügt Generalmajor Kasulke an, seien die Soldaten durch den Bürodienst während der Corona-Hilfe in ihrer eigentlichen Aufgabe, dem »Inübunghalten« der Kampffähigkeit eingeschränkt worden. Es gehe jetzt darum, die Einsatzbereitschaft der Bundeswehr wieder herzustellen, also Schießen, Strammstehen und Marschieren.

Letztlich hat die Bundeswehr dem Amtshilfeantrag des Berliner Senats zugestimmt. »Wir haben noch ein paar Soldaten gefunden, die das machen können. Soldaten im Arrest, Leute, die wir rausschmeißen wollten, und Langzeitfälle aus dem Lazarett auf Krücken und im Rollstuhl, bei denen man gerade nichts in Übung halten kann. Ich denke, für Berlin reichts.«

Waffen hätte man diesen 80 Einsatzkräften nicht mitgeben können. »Was wir hatten, ging an die Ukraine oder an die Kameraden an der NATO-Ostflanke. Das Verteidigungsministerium hat Softair-Waffen eingekauft, damit wir üben können. Jetzt warten wir dringend auf die 100 Milliarden aus dem Sondervermögen. Übrigens, unser Faxgerät ist verschwunden.«

AFFENPOCKEN UND DIE ZUKUNFT

Volker Surmann

Bei den ersten Nachrichten um die Affenpocken sah man es in den Mundwinkeln des *Tagesschau*-Sprechers noch zucken, und jeden Moment befürchtete man, Thorsten Schröder würde in schallendes Gelächter ausbrechen und sich die Tränen aus dem Gesicht wischen. Dann wurden die Nachrichten ernster. Es gab die ersten Fälle in Berlin, unter Männern, die Sex mit Männern hatten, und die Berliner Gesundheitsverwaltung riet in der Stadt der Singles, der Schwulen und schwulen Singles allen Ernstes, zur Vorsorge »enge körperliche und sexuelle Kontakte mit wechselnden oder fremden Personen« zu vermeiden, mit anderen Worten: Katholizismus. Und man wollte nur sagen: »Liebe Berliner Verwaltung, versuch es erst gar nicht mit der Empathie. Organisier lieber Wahlen, das kannst du besser.«

Doch die Lage ist ernst: Die Affenpocken sind erst der Anfang. Die WHO führt eine Beobachtungsliste mit potenziellen Erregern, die sich aus der Tierwelt auf den Menschen übertragen könnten. Jeder von ihnen könnte sich zur globalen Pandemie auswachsen. Eine Auswahl:

1. Alpakamumps. Erstmals beobachtet in Südamerika, überträgt sich diese Erkrankung über Kontaktinfektion mit Schurwolle. Die Infizierten bekommen am ganzen Körper einen flauschigen Ausschlag, zunächst am Hals, wo es zu einer mumpsartigen Erweiterung kommt, dem sogenannten Alpakakragen.

Auch die Sehorgane der Erkrankten verändern sich zu knopfartigen Kulleraugen. Diese Schäden sind irreversibel und vor allem für Wollallergiker*innen schwer aushaltbar. Für viele Erkrankte endet die Krankheit lethal, da sie im Freundeskreis totgestreichelt werden.

2. *Das Eisbärfieber.* Anders als bei herkömmlichen Fiebererkrankungen ist die physische Überhitzung nicht Folge einer Stoffwechselstörung, sondern wird extrinsisch verursacht. Die Fieberzustände treten ein, weil es tatsächlich zu heiß ist. Das Eisbärfieber betrifft inzwischen nahezu sämtliche Eisbärpopulationen der Arktis, ist allerdings schon wiederholt, zuletzt in Indien und Pakistan, auch auf den Menschen übergesprungen. Einzige wirksame Medizin wäre eine Kühlung um 1,5 Grad und eine dauerhafte CO_2-Therapie.

Die Berliner Gesundheitsverwaltung empfiehlt Betroffenen, sich nicht zu warm anzuziehen. Im Tierpark Berlin wurden daraufhin sämtliche an Eisbärfieber erkrankten Tiere, also alle, geschoren wie Zierpudel. Zwei Exemplare starben daraufhin an Scham.

3. *Der Kätzchenschnupfen (»Morbus Werning«).* Was so niedlich klingt wie ein niesendes Katzenbaby, ist alles andere als das, nämlich eine hochinfektiöse Krankheit mit 95%-iger Lethalität bei Mensch und Vierpfotenvieh. Die Erkrankung überträgt sich von Katze zu Katze und von dort zum Menschen per Tröpfcheninfektion. Einzige Lösung: sämtliche Hauskatzenbestände sofort zu keulen. Ein Sturm der Entrüstung dürfte daraufhin daraufhin durch Europa fegen. PETA gewinnt in mehreren Ländern die Parlamentswahlen, doch nur vereinzelte Hundebesitzer*innen erleben noch die Regierungsbildung. Extinction Rebellion implodiert am Widerspruch zwischen Aussterben der Menschheit und Tierrechtserwägungen. Die

Menschheit stirbt aus. Dann sterben die Katzen auch aus. Die wenigen Tiere, die immun sind, verhungern, weil ihnen niemand mehr die Dosen aufmacht.

4. *Die Storch-Hirnentzündung.* Eine schwerwiegende Infektionskrankheit, die vorwiegend das menschliche Gehirn befällt, und vermutlich oral übertragen wird. Lebendige Hirnzellen zerfallen sukzessive zu brauner Pampe. Wenn überhaupt können Betroffene nur noch querdenken, das Sprachzentrum gebiert unverständliche Hassrede. Weitere Symptome sind Überreizung des Wutzentrums und brauner Schaum vorm Mund. Im Endstadium zeigen vom Storch-Hirnfieber befallene Menschen ihr hässlichstes Gesicht. Die Epidemie geht vermutlich zurück auf ein Storch-Weibchen in Berlin-Mitte, die Ausbreitung erfolgte vorwiegend in Ostdeutschland, wo sie auf schon vorgeschädigte Hirne traf. Die geringste Inzidenz hat zurzeit Schleswig-Holstein, diese Streber! Linderung verschaffen kann eine deutsche Blutwäsche oder eine Impfspritze. Vor der rennen Storch-Hirnentzündete weg, bis sie über den Rand ihres Weltbildes fallen.

5. *Schmetterlings-Noro.* Ein schwerwiegende Magen- und Darm-Entzündung mit tagelangen Brech- und Sprühdurchfall, hervorgerufen von einem Virus, das von Milben auf den Flügeln des Ostasiatischen Pandaauges auf Importobst übertragen wird und von da in die Nahrungs- und Turboausscheidungskette gelangt. Einmal mehr bewahrheitet sich die alte Weisheit: Der Flügelschlag eines Schmetterlings irgendwo in Asien kann hierzulande einen wahren Shitstorm auslösen.

6. *Bären-Ebola.* Von russischen Bären auf den Menschen übergesprungen. Schon eine infizierte Person reicht aus, um ein Massensterben auszulösen. Symptome sind Verfolgungs- und

Cäsarenwahn, unmotiviertes Entblößen auf Pferden, Groß-machtfantasien, Fingerzittern am Atomknopf. Bei Tisch schützt ein Sicherheitsabstand von sechs Metern vor einer Ansteckung, eine Heilung ist nicht möglich. Die Isolation des Infizierten allein reicht nicht aus. Einzig in Den Haag können Patienten mit Bären-Ebola zurzeit adäquat behandelt werden. Der Patient Null sollte unbedingt dort eingeliefert und bis da-hin krankgeschrieben werden.

Dies sind nur die wahrscheinlichsten nächsten Pandemie-kandidaten, auf der erweiterten Beobachtungsliste der WHO stehen jedoch auch noch die Tomaten-Grippe, Kolibri-Elefan-titis, Iltis-Influenza, Erdmännchen-Typhus, Blauwal-Hepatitis (eine sehr extreme Vergrößerung der Leber), Alligator-Herpes, Dalmatiner-Masern, Grünfink-Röteln, Giraffen-Rachitis oder Tausendfüßler-Mund-Hand-Fuß-Fuß-Fuß-Fuß-Fuß-Fuß-Fuß-Fuß-Fuß...

WARTEN AUF GODOT

Robert Rescue

Jetzt hat es mich also auch erwischt. Nicht Corona oder Affenpocken, nein, viel schlimmer – die Berliner Bürokratie. Die einen schlagen sich mit einem Termin beim Bürgeramt rum, die anderen mit einem Antrag. Früher oder später fickt die Berliner Verwaltung jeden. In meinem Fall war es ein Antrag auf Wohngeld, dieser Leistung, von der die einen nicht wissen, dass es sie gibt und die anderen nicht, ob sie berechtigt sind und deshalb nicht nachschauen. Wobei ich zugeben muss, dass es nicht einfach ist, das herauszufinden. Es gibt circa eine Million Wohngeldrechner im Internet und alle spucken ein anderes Ergebnis aus, irgendwas zwischen null Euro und drölf Milliarden pro Monat. Die vermeintlich hilfreichste Seite ist die des Bundesministeriums für Wohnen, Stadtentwicklung und Bauwesen, eines Ministeriums, von dem viele nicht wissen, dass es das überhaupt gibt. Die veröffentlichen seit Jahren ein PDF zum Download, das irrsinnig klein ist, und wenn man sich das um 50.000 Prozent vergrößert, sucht man sich zwischen den Spalten Gesamteinkommen und Mietbelastung das Feld raus, das zur Lebenssituation passt. Nur blöd, dass man im Links-und-rechts-, Hoch-und-runter-Scrollen so durcheinanderkommt, dass man die passende Spalte nicht findet. Die Datei ist übrigens laut Website barrierefrei bzw. barrierearm, LOL.

Gott sei Dank, wird sich mancher denken, muss ich meinen Antrag nicht dort stellen. Nein, es ist viel schlimmer: In Berlin ist die jeweilige Wohngeldstelle des Bezirksamtes zuständig, und angesichts dessen ist es verständlich, dass viele an diesem Punkt aufgeben. Wer weitermachen will, so wie ich, hat die Wahl zwischen Postweg oder online. Zu blöd, dass ich immer noch so naiv bin und glaube, dass die Digitalisierung in den deutschen Amtsstuben Einzug gehalten hat. Dabei haben die Ämter so etwas wie Online-Portale nur eingerichtet, um die Bittsteller zu verarschen.

Auf jeden Fall habe ich, wie ich es aus alten Zeiten beim Jobcenter gelernt habe, einen mustergültigen Antrag vorbereitet. In acht Kontoauszügen die Mietabbuchung hervorzuheben und alle anderen Summen zu schwärzen, ist eine Meisterleistung. Und selbstverständlich sind alle Kontoauszüge zu einem PDF zusammengefügt, denn bestimmt sieht es das Amt nicht gerne, wenn man die einzeln hochlädt. Im Online-Formular habe ich alle Felder deutlich ausgefüllt. Insgesamt sechs PDF dokumentieren mein Leben als Mieter, Mensch und auch Schwerbehinderter, und alle sind verständlich benannt. Wäre ich Sachbearbeiter, ich würde mich über einen solchen Antrag freuen.

Einen Monat später erhielt ich ein Schreiben, das mir mitteilte, dass ich keine Nachfragen an das Amt richten solle. Es gebe gerade Aktionswochen in Sachen staatliche Leistungen, und der Andrang sei gewaltig. Das bedeutete, dass ich warten müsse. Das Schreiben gab keinen Hinweis darauf, wie lange. Vielleicht sechs Monate oder sechs Jahre? Im schlimmsten Fall würde ich nie wieder was von denen hören. Und das für zehn Euro im Monat. Ich hatte mir einen 1.000-Zoll-Monitor gekauft und mich noch mal an die Tabelle vom Ministerium gesetzt und schließlich bereut, dass ich es unbedingt hatte wissen wollen.

Einen Monat später erreichte mich ein weiteres Schreiben. Ich sollte Unterlagen nachreichen, die ich Idiot wohl bei der

Antragstellung vergessen hatte. Das mit dem Idiot stand nicht in dem Schreiben, es stand zwischen den Zeilen. Erst war ich irritiert. War ich nicht mehr der geniale Antragsteller, an dessen Bittgesuch es nicht auszusetzen gab? Hatte ich einen Fehler gemacht, ich, ausgestattet mit dem Gen zur Perfektion? Dann fiel es mir wie Schuppen von den Augen. Die Dateigrößenbeschränkung beim Upload der Anhänge. Ich konnte mich dunkel entsinnen, dort einen Hinweis auf eine, für das Jahr 2022 absurde Beschränkung von 500 Kilobyte gelesen zu haben. Der Brief vom Amt forderte u.a. die Kontoauszüge über die Mietzahlungen nach. Verdammt, da lag das Problem. Jeder Kontoauszug war etwa 80 Kilobyte groß und ich hatte acht davon zu einem PDF gemacht. Das waren 640 Kilobyte. Mist, ich hätte die Kontoauszüge einzeln hochladen sollen, das Amt wollte es also doch so. Einen Moment überlegte ich, wo die Berliner Verwaltung denn ihre Infrastruktur hostete, die so jämmerliche Upload-Beschränkungen aufwies. Welche Länder besaßen eine so miserable Internet-Infrastruktur, dass die Berliner Verwaltung sie, vermutlich aus Kostengründen, ausgesucht hatte? Mir fiel nur ein Land ein – Deutschland. Natürlich Deutschland, das weltweite Schlusslicht in Sachen Internet.

Ich überlegte, der Sachbearbeiterin zu schreiben und darauf hinzuweisen, dass ich alle Anhänge ordnungsgemäß beigefügt hatte, und dass der Fehler wohl bei der miserablen Infrastruktur ... nein, das konnte ich nicht machen. Dann würde ich einen Ablehnungsbescheid erhalten. Man durfte natürlich über die Berliner Verwaltung motzen, keine Frage, aber nur im stillen Kämmerlein der eigenen Gedanken.

Also druckte ich alle fehlenden PDF aus. Ich nahm eine Box mit den Büroklammern und entschied mich für die roten und die weißen. Die roten für die Kontoauszüge und die Nachweise über die Mieterhöhung, die weißen für den Personalausweis und den Versicherungsnachweis. Eigentlich war nur ein PDF ordnungsgemäß hochgeladen worden, nämlich der Schwerbehindertenausweis.

Das eingescannte PDF war aber über 500 Kilobyte groß. Ob es bei einem Upload einen Inhalts- bzw. Namenscan gab, damit man das Amt nicht wegen Diskriminierung verklagen konnte?

Einen Moment ging mir durch den Kopf, die Nachreichungen per E-Mail zu schicken. Nein, nein, das durfte ich nicht tun. Ich musste zur Post gehen und mich in eine lange Schlange stellen. E-Mail, ich musste verrückt sein. Ich sah nur eine Möglichkeit. Ich ballte die Hand und schlug mir ins Gesicht. Der böse Gedanke E-Mail war verschwunden. Ich packte den Briefumschlag und verließ das Haus.

Drei Monate später. Ich sitze am Schreibtisch und frage mich, ob das Wohngeldamt mein Schreiben überhaupt bekommen hat. Ich habe mehrfach gelesen, dass bei der Deutschen Post auch nicht alles zum Besten steht. Man muss bei jedem Brief fürchten, dass er nicht ankommt. Ich hätte ihn als Einschreiben schicken soll, kostet zwar, aber dann gibt sich die Post Mühe. Oder mit so was wie Lieferando, nur für Behördenpost? Vielleicht hat die Wohngeldstelle festgestellt, dass es sich bei läppischen zehn Euro Wohngeld pro Monat nicht lohnt, den Antrag zu bearbeiten? Oder die Sachbearbeiterin hat meinen fehlerhaften Antrag abgestraft und ihn zur Wiedervorlage ganz nach unten in den Stapel geräumt, zusammen mit Kasulke (Antragstellung: Oktober 2017) und Öztürk (Antragstellung März 2018). Die drei Idioten, die den Antrag online gestellt hatten.

Dann las ich, dass die Berliner Verwaltung kurz vor einem »Staatsversagen« stand. Insbesondere in der Verwaltung in Mitte ging praktisch nichts mehr, keine Termine beim Bürgeramt, keine Hochzeit, keine Geburtsurkunde, nichts, nada. Von der Wohngeldstelle stand da aber kein Wort. War das gut oder besonders schlecht?

Vielleicht war der sachbearbeitenden Person der Kragen geplatzt, er/sie hatte eine Tasche gepackt, sich ins Auto gesetzt und ab Richtung Florida.

Ich musste warten. Irgendwann würde sich etwas tun. Was nicht lief, musste irgendwann ja wieder funktionieren. Irgendwann …

EIN AUSFLUGSTIPP

Thilo Bock

Sommerzeit, Reisezeit. Warum nicht mal mit dem Neun-Euro-Ticket zum BER? Ostsee kann schließlich jeder. Uns dagegen führt die S9 ab Spandau 78 Minuten lang quer durch eine Weltstadt mit Blick aus dem Panoramafenster. Selbst wer als eingefleischter Hauptstädter meint, Berlin zu kennen, wird an Bahnhöfen halten, deren Namen er nie zuvor gehört hat: Stresow, Pichelsberg, Johannisthal, Altglienicke (nicht zu verwechseln mit Glienicke/Nordbahn, Klein Glienicke, Groß Glienicke und der Glienicker Brücke). Da die S9 alle zwanzig Minuten verkehrt, könnte man überall mal aussteigen, um festzustellen, bislang rein gar nichts verpasst zu haben.

Das wirkliche Reisegefühl stellt sich ohnehin erst ein, sobald man das Ziel förmlich zu spüren glaubt. Im Flieger ist es der beginnende Landeanflug, bei einer Fahrt zum Flughafen Berlin-Brandenburg sind es die letzten zwei Stationen. Erst hält die Bahn am BER Terminal 5, dem ehemaligen Flughafen Schönefeld. Die meisten Mitreisenden sammeln nervös ihr Gepäck zusammen und bewegen sich schon mal zu den Ausgängen.

Natürlich ist der Zug nicht völlig leer. Vor allem an den innerstädtischen Stationen steigen viele ein und aus. Wer aber ab Spandau reist, hat garantiert einen Sitzplatz am Fenster. Und spätestens nach der Station Plänterwald ist die Fahrgastmenge überschaubar. Die meisten Touristen sitzen ohnehin in einem der überfüllten Regionalzüge.

Die Station BER Terminal 5 hat etwas Magisches. Man braucht

gar nicht groß in exotische Weiten zu reisen. Beim Blick aus dem Fenster wähnt man sich in Regionen, die man nur aus Abenteuerreisereportagen auf 3Sat kennt. In Ulan Bator oder kurz vorm Nordkap sieht es ganz genauso aus. Wildes Gestrüpp bewuchert Bahnsteige und Gleise. Und in einer Ecke wartet ein Greis auf den Zug nach nirgendwo.

Würden nicht Lautsprecherdurchsagen davor warnen, hier auszusteigen, wäre der Zug jetzt leer. So aber beenden bloß Wagemutige am BER Terminal 5 ihre Fahrt. Zu gern würde man sie nach dem Warum fragen. Und sich selber fragt man, was Berlin-Touristen denken mögen, wenn sie, vom BER kommend, hier halten. Ich zumindest würde glauben, versehentlich in die falsche Richtung gefahren zu sein.

Wir aber befinden uns jetzt endlich und nach über einer Stunde in der Anfahrt auf den BER. Wie eine am Straßenrand vergessene Umzugskiste sieht man das Terminal 1+2 am Horizont kleben, während der Zug eine große Kurve über Brandenburger Weideland zieht und schließlich im Örtchen Waßmannsdorf hält. Direkt am Bahnhof lädt eine *Hurricane Factory* ein, in »Deutschlands größtem Windtunnel« »die Sensation des Fliegens – nur mit dem eigenen Körper« zu erleben. Von dieser Alternative zur Fernreise erfahren wir dank Schnellsuche per Smartphone. Und das muss man dem BER lassen: für Brandenburger Verhältnisse ist das mobile Internet in seiner Umgebung exzellent.

Nur nicht im langen Tunnel, in den wir jetzt einfahren und uns an die Meldungen erinnern, dass hier während der verlängerten Bauzeiten regelmäßig Züge hindurch gefahren sind, um die Ansiedlung seltener Fledermaus- und Feldhamsterarten zu verhindern. Vier Gedenkminuten an den einsamen Lokführer bleiben uns, dann sind wir endlich da. Die Sitzmuskulatur ist etwas benommen. So fühlt man sich sonst nur nach einem Langstreckenflug mit Air India.

Eilig strömen die Mitreisenden aus der Bahn. Wir dagegen genießen es, ziellos an einem Flughafen auszusteigen. Auf uns wartet kein Flugzeug. Niemand will von uns abgeholt werden. Wir können uns alles in größter Ruhe anschauen: Die Wasserspiele auf dem Vorplatz, der sogenannten Airport City, lassen Schulklassen mit Rollkoffern an uns vorbeibollern, und in der *Metropolitan Pharmacy* fragen wir, ob sie normale Preise oder Flughafenpreise hätten. »Flughafenpreise«, sagt die Apothekerin und lächelt.

In der Haupthalle bewundern wir die Kunst am Bau, das aus dem Fernsehen bekannte, über allem schwebende rote Gewebe. Der Etat für Kunstwerke in öffentlichen Gebäuden orientiert sich ja an den Gesamtbaukosten. So gesehen müsste die Schöpferin dieses Werkes ein Vielfaches des ursprünglich vereinbarten Honorars erhalten haben. Oder hat Engelbert Lütke Daldrup einfach noch einen Van Gogh für die Mitarbeiterkantine ersteigert?

In der Halle warten mittellange Schlangen brav an Check-in-Schaltern. Etwas mehr Aufruhr wäre schon schön gewesen. Vielleicht hätten wir nicht an einem Sonntagnachmittag kommen dürfen. Besser wäre bestimmt der Sommerferienbeginn gewesen.

Auf großen Anzeigetafeln wird die Wartezeit bei der Sicherheitskontrolle mit zehn abwechselnden Männchen und Weibchen dargestellt. Für mehr ist kein Platz. Während wir uns noch fragen, ob das ein Abbild der Realität ist, sehen wir, dass die Anzeigetafel eigentlich mehrere Meter breiter sein müsste. In dem realen Menschenknäuel mag sich mancher wünschen, doch lieber bei der *Hurricane Factory* ausgestiegen zu sein, um ohne Flugzeug in die Luft gehen zu können.

Für uns dagegen geht's per Rolltreppe hoch. Der *Raum der Stille* lädt zum Besuch, uns aber zieht es weiter zur Aussichtsplattform. Um die drei Euro Eintritt zahlen zu können, muss man sich durch ein kompliziertes Menü auf großem Bildschirm klicken. Ein Paar aus dem Spreewald probiert das gerade aus. Sie stöhnen, dass bereits die Parkplatzsuche eine einzige Katastrophe gewesen sei.

Wir fragen uns, wieso man aus dem schönen Spreewald sonntagnachmittags einen Ausflug zum BER macht, und fühlen uns ein bisschen ertappt, könnten wir doch stattdessen vor kühlen Getränken in einem Berliner Biergarten sitzen. So aber führt uns eine Brücke über den Food Court und die Köpfe der Glücklichen, die bereits sicherheitsgecheckt wurden, zur von der strahlenden Sonne aufgeheizten Terrasse. Viel ist hier nicht los. Ein paar Paare schauen durch die riesigen Scheiben auf das Flugfeld. Die landenden Maschinen sieht man erst, wenn sie schon ausrollen. Einige Abflüge sind in einiger Entfernung zu verfolgen. Mehr Action liefert der einsame Planespotter, der mit rosafarbener Weste und wehendem Haar aufgeregt hin und her läuft, abwechselnd durch seine Kamera und auf sein Smartphone guckt und zwischendurch auf einem Zettel etwas abhakt.

Zu unserem Bedauern ist der Getränkestand geschlossen. Hier hätten wir die einmalige Gelegenheit gehabt, eine Dose Berliner Kindl zum Flughafenpreis von 4,50 Euro zu erwerben. Schade Panade!

Wir haben nämlich noch etwas Aufenthalt. Schließlich wollen wir mit dem Nachtbus N7 zurück nach Spandau. Berlin by Night mal etwas anders. Auch dieses Erlebnis ist mit dem Neun-Euro-Ticket möglich. Da lohnt es sich doch, bis zur ersten Abfahrt um 0:28 Uhr zu warten. Vielleicht verkauft uns ja noch wer was zu trinken. Notfalls bestimmt die *Metropolitan Pharmacy*. Hustensaft geht schließlich immer.

DA STAUNT MAN

Frank Sorge

Mein Vater erklärte mir jeden Sonntag die neun Planeten. Dann wurden es acht, und mein Vater sollte fortan den Nachthimmel erklären. Das machte er aber nicht, denn der interessierte ihn gar nicht, und meine Mutter nur, wenn es um Sternzeichen ging. Da schaute sie in die Zeitung, nicht nach oben. Also musste ich mir selbst das Universum erklären, vor allem an die Informationen kommen.

Aber es gab kein Internet, nicht nur, weil es Deutschland war, nein, auch weil es noch eine andere Welt war, eine ohne Suchmaschine oder Wikipedia. Man brauchte ein Lexikon, aber das hätte kein ausführliches Kapitel über Sterne darin, man brauchte eine Sternenkarte, oder gleich einen Atlas, man brauchte einführende Bücher. Der kleine Astronom, oder so was. Aber da war nichts, niente, rien, und das ist kein Vorwurf an meine Eltern, das war eben so, die meisten hatten nichts von dem. Im Bücherregal standen Sammeltassen oder Plastikblumen. Auch das Fernsehen war nicht hilfreich. Irgendwelche Sendungen wird es vielleicht gegeben haben, Informatives, aber wahrscheinlich auf dritten Programmen, die nicht nach Berlin reichten, oder zu Uhrzeiten, die nicht in Frage kamen.

Gebracht hätte aber auch das nicht viel, denn wer sich für Wissensvermittlung auf den Fernseher verlässt, der ist verlassen, bis heute. Es ist das falsche Medium, es wird alles so gemacht, dass man ins Staunen gerät, nervige Musik plätschert zu stark vereinfachten Statements, irgendeine Grafik wird eingeblendet, weil sie schön aussieht. Um die Zuschauer nicht zu überfordern, wird alles runtergedampft, bis das, was interessant sein könnte, verkocht ist.

Es half nichts, egal wie bequem es hier auf dem Planeten zu Hause war, ich musste in die Rakete und andere Welten betreten. Bei einem Schulfreund konnte ich jederzeit klingeln, wegen der Fußgängerüberwege aus Beton, die unsere Neubausiedlung wie eine futuristische Siedlung auf dem Mars aussehen ließ, musste ich nicht mal eine Straße überqueren. Ich klingelte, huschte hinein, ignorierte die Gerüche. Der Freund und sein Bruder waren immer da, es waren Stubenhocker, das kam mir gelegen. Das Kinderzimmer war klein und vermüllt, auch Hamster und andere Kleintiere rannten zeitweilig darin herum, bis zu ihrem jeweiligen Ableben hinter einer Schrankecke. Was ich den Freunden vor allem aber zugute hielt, dass jeder hier einfach machte, was er wollte. Das Kinderzimmer war ein Hort kindlicher Anarchie, die Tür blieb konsequent zu, die Brüder waren sich genug. Sie sammelten unablässig Zeit wie Feuerholz und verbrannten sie im großen Lagerfeuer Müßiggang, jeder machte seins und wurde von der Außenwelt nicht weiter belangt. Klar, manchmal streckte die Mutter den Kopf durch die Tür und meckerte. Aber es war wie das Wetter, danach war die Tür wieder zu und das Gemeckerte vergessen.

Ich war sehr oft hier, im Grunde nutzte ich die Situation schamlos aus. Damit sich daran nichts änderte, nutzte ich alle Chamäleonfertigkeiten, die mir zu Verfügung standen, ich machte niemals auch nur ein bisschen Mühe, bilde ich mir ein. Ich verschwand sofort im Zimmer, Essen oder Trinken brauchte ich nicht. Wenn ich mal auf die Toilette musste, wartete ich auf einen Moment, wo andere Türen geschlossen wurden, oder wenn die Mutter in der Küche stand.

Sah ich doch einmal ein Elternteil, grüßte ich mit ausgesuchter Höflichkeit. Mein Instinkt sagte mir, einem höflichen

Kind kann niemand etwas abschlagen. Da traf es sich gut, dass ich überhaupt niemals etwas brauchte oder verlangte. Kaum hatte ich das Kinderzimmer betreten, scannte ich den Verbleib der Bücher. Hier gab es Bücher über den Nachthimmel und alles andere, was interessant war, über Tiere, Steine, Dinosaurier. So erklärte ich mir jeden Sonntag die Sterne, und Montag, Dienstag, Mittwoch, wann immer es ging.

»Die ersten Bilder vom Teleskop sind da!«, sage ich den Kindern, denn nichts erkläre ich ihnen lieber als den Sternenhimmel. Seit Jahren erzähle ich ihnen, was da gebaut wird, wir haben mitgefiebert, dass alles gut geht beim Start, beim Auffalten. Unzählige Raketenstarts haben wir uns in den Jahren zusammen angesehen, von der Windel bis heute, Zählen haben sie zuerst rückwärts gelernt: 10, 9, 8. Ich finde es wichtig, dass sie wissen, was dort draußen ist, um schätzen zu können, was wir hier haben.

Dort draußen ist nämlich nichts, und hier ist alles. Im Weltraum verbrennt Gas, alles fliegt irgendwie herum und stößt zusammen, es ist so kalt, wie es sein kann, und es ist so leise, wie es sein kann. Nicht mal der Urknall hat ein Geräusch gemacht, bin ich mir sicher, wenn es ihn überhaupt gab. Mein Sohn sagt das auch: »Ich glaube, das Weltall ist einfach unendlich.« Ich stimme ihm zu, es ist ein gottverlassener Ort, kein grünes Männchen winkt uns durch eine Ufo-Scheibe, auch wenn es sie zweifellos irgendwo gibt, oder gab, oder geben wird. Auf der anderen Seite muss man auch sagen, der Raum zwischen den Galaxien ist ein guter Sicherheitsabstand, Lebewesen kommen sich hier nicht so schnell in die Quere.

Nur die spektakulären Fotos anzusehen, bringt natürlich nicht viel, sie sind ein Köder. Es geht ja nicht um Bilder, sondern um die eigene Vorstellungskraft, um die Perspektive. Wenn ich mich mit dem Weltraum beschäftigt habe, ist danach der Regen feuchter, der Kaffee aromatischer, Berührungen sind intensiver, Töne sind runder, und die Zeit, die hält dann manchmal einfach an.

ALLES GUT, MOTHERFUCKER

Heiko Werning

Mein Verhältnis zur Sprachkritik ist gespalten. Einerseits nervt mich das gedankenlose Gebrabbel der ganzen Influencer oder auch nur der Kinderspielplatzblase natürlich auch, ebenso wie die Schaumschlägerei der Agenturtrottel, die für jeden noch so trivialen Vorgang absurde englischsprachige Wichtigtu-Wörter erfinden (Wichtigtu, der kleine Bruder von Winnetou und den Deutschen ebenso ans Herz gewachsen). Andererseits aber ist Sprachkritik immer auch bieder, im Kern reaktionär, sie hat den schlechten Mundgeruch von »Früher war alles besser« und »Alles Deppen außer ich«, sie verkennt, dass neue Generationen neue Ausdrücke und Ausdrucksformen suchen, dass Bedeutungen sich verschieben, und irgendein verdammter Goethe wird in 500 Jahren vermutlich dafür hart abgefeiert, so endgeile und nice Lyrics verfasst zu haben, und hunderte Forschers werden all diese wunderbaren, sprachmächtigen Vokabeln in endloser Sekundärliteratur judgen, während die dann 18-Jährigen fluchen werden über das unverständliche Zeug, dass der antike Unhold da zusammenbramabasiert hat.

Stefan Gärtner, Hauskolumnist der *Titanic* und engagierter Sprachkritiker, schätze ich sehr, persönlich wie künstlerisch. Aber mit seinen endlosen Abhandlungen über »Terrorsprache« tue ich mich schwer. Ja, Sprache bildet auch das Bewusstsein, und natürlich kann man all die Neubildungen irgendwie auf den Kapitalismus zurückführen, und natürlich tragen diese dann immer noch mehr dazu bei, dessen Menschenmaterial gefügiger zu machen, aber wenn am Ende die Diagnose lautet, dass im Kapitalismus alle vom Kapitalismus freigesetzten Kräfte zur Stabilisierung und Ausweitung des Kapitalismus führen, je nun, dann kann man natürlich auch darauf hinweisen, dass man vom Ficken halt schwanger wird.

»Alles gut« ist laut Stefan Gärtner eines jener Terrorsprachen-Elemente, dazu geschaffen, ein vollumfängliches Einverstandensein mit dem ganzen System zu formulieren, denn wenn jeder nur noch zu allem »alles gut« sagt, dann denkt man eben vielleicht irgendwann auch, dass alles gut sei. »Alles gut, Motherfucker«, wie Funny van Dannen eine seiner CDs nannte. Aber ist das zweifellos invasive bis epidemische »Alles gut« tatsächlich nur die fünfte Kolonne des Neoliberalismus, so wie zuvor schon das »lecker« angeblich vom finalen Kulturverfall zeugte? Bei uns in Westfalen hat man allerdings schon vor 50 Jahren »lecker« gesagt, auch wenn Stefan Gärtner und Jochen Schmidt deshalb weinen müssen.

Und seit wann ist in Deutschland eigentlich alles gut? Stefan Gärtners »Terrorsprache« datiert aus dem Jahr 2021, ist also quasi druckfrisch. In der *Welt* findet sich eine Suada von Tilman Krause aus dem Jahr 2017, in der er die »Alles gut«-Schwemme beklagt und feststellt, sie habe in jüngerer Zeit das auch schon fragwürdige »alles klar« abgelöst. Titel des Textes: »Alles gut? Lasst endlich diese infantile Floskel!« Eine Anklage übrigens, die die Leser stark aufgewühlt hat (»Teilen Sie die Meinung des Autors?« 2 x Ja, 1 x Nein). Die erwähnte CD von Funny van Dannen datiert aus dem Jahr 2018, Jan Delay zog 2022 mit der Single »Alles gut« nach. In der *FAZ* fragte Julia Stelzner 2021: »Alles gut? Oder alles anspruchslos?«, um schon im Teaser die überraschende Diagnose zu stellen: »Es ist eben nicht immer alles gut«. Ach so. Etwas weniger klar ist ihre Einschätzung, seit wann alles gut oder eben nicht immer alles gut ist, nämlich »seit ein paar Jahren«. Ebenfalls 2021 erklärte die *Süddeutsche* »Warum der Ausdruck Alles gut nicht gut ist«. Man kann also sagen, dass die sprachkritische Intelligenzija des Landes in den letzten fünf Jahren aufgeschreckt wurde vom plötzlichen »Alles gut«. Vielleicht ist sie aber auch nur aus einem etwas längeren Nickerchen aufgeschreckt, jedenfalls fragte das Top-Trend-, Intelligenzija- und Sprachkritik-Magazin *Brigitte* schon 2012 »Alles gut! – Warum sagen wir das ständig?«.

So, und jetzt kommt's: Am Anfang dachte ich ja, es sei ein bizarrer Zufall, als der freundliche Mann, der uns in Windhoek in Namibia vom Flughafen abgeholt und zum Mietwagenverleiher gefahren hat, auf unseren Dank auf Deutsch mit »alles gut« antwortete. Es war offenbar sogar die einzige deutsche Wortkombination, die er kannte. Vielleicht hatte er ja mal Stefan Gärtner chauffiert. Aber dann setzte es sich fort: Der Ranger bei der Safari, der fragt, ob wir nach ungefähr 100 Fotos vom dösenden Nashorn jetzt mal weiterfahren können, er fragt: »Alles gut?« Die Kellnerin im Restaurant, die wissen möchte, ob es geschmeckt hat, sie fragt: »Alles gut?« Sogar der Tankwart, der gerade das Auto mit Diesel befüllt hat und einem bedeutet, dass man nun weiterfahren kann, er sagt: »Alles gut!« »Alles gut«, ich lege mich fest, sind die mit Abstand am häufigsten benutzten drei Silben Deutsch in Namibia. Selbst Leute, die gar kein Deutsch können, können »alles gut«.

Wie konnte es dazu kommen? So großflächig, wie es in Namibia allesgutet, kann es unmöglich eine kürzlich, »seit ein paar Jahren« aus Deutschland herübergeschwappte Mode sein. Worum handelt es sich also? Hat sich das »alles gut« womöglich im Süden Afrikas entwickelt, in den dortigen isolierten sprachlichen Enklaven, so wie sich die Omikron-Variante ja womöglich auch im Körper einzelner immungeschwächter Personen entwickelt hat, wo sich das Virus immer weiter perfektionierte, bis es schlagartig ausbrach und die ganze Welt übernommen hat?

Wir wissen es nicht. Wir wissen nur: Alles gut ist nicht gut. Das haben uns die Sprachkritiker erklärt. Und zwar so: »Die Antwort »alles gut!« dient der Beruhigung: »›Mach dir keine Sorgen.‹ Kein Raum für Empörung. Keine Chance, sich mal richtig auszukotzen.« Sagt die *Süddeutsche*.

»Alles gut ist die Attitüde dessen, der den Glauben an die im großen Ganzen nachvollziehbare Ordnung der Dinge verloren hat. Der aber trotzdem natürlich weiterhin ein Geländer braucht, an dem er seinen inneren Kompass ausrichten kann.« Sagt die *Welt*.

»Die Selbstoptimierungsindustrie macht uns weis, dass wir uns zu einer Idealversion unserer selbst formen können. Also tackern wir uns ein Lächeln ins Gesicht und rufen fröhlich in die Runde: ›Alles gut!‹«. Sagt die *Brigitte*.

Gut ist es also nicht mit dem »Alles gut«. Aber eigentlich hat Wiglaf Droste 2018 schon Abschließendes dazu formuliert: »Touchiert man jemanden im städtischen Gewühl und bittet, ›pardon‹ sagend, um Entschuldigung, bekommt man ein abwiegelndes ›Alles gut‹ zu hören, das eine Melange ist aus einem verklausulierten ›Lass mich bitte in Ruhe!‹, einem beschwichtigenden ›Mach dir keine Sorgen, mach dir keinen Kopp!‹ und einem vorsorglichen ›Keine Angst, ich tu dir nichts!‹ Alles gut? Das gibt es nicht, wir werden niemals fertig, aber friedfertig ist ja schon mal ein Millimeterchen Fortschritt. Salopp gesagt: Kleinzivilisation macht auch Mist.« Zivilisation aber ist den Sprachkritikern von *FAZ* bis *Brigitte* halt fremd.

Als uns in Namibia bei einer anderen Ausfahrt mit einem Ranger etwas unerwartet ein junger Elefantenbulle angriff, weil wir offenbar zu nah an seine Herde gefahren waren, gab es eine geradezu comichafte Szene. Der Elefant stellte die Ohren senkrecht ab, hob empört den Rüssel und stürmte in beunruhigender Geschwindigkeit auf uns zu. Unser Guide schaltete blitzschnell in den Rückwärtsgang unseres Jeeps und fuhr so, rückwärtsgangbedingt etwas unelegant, über die schlaglöchrige Piste nach hinten. Doch der Elefant war wütend, er folgte uns. Zehn Meter, zwanzig Meter, am Ende 100 Meter. Wir saßen schreckstarr im Wagen, der weiter im Rückwärtsgang durch die Savanne knatterte. Nun allerdings kam eine große Biegung des Weges, der wir immer noch im Rückwärtgang folgen mussten. Der Elefant musste das nicht, der konnte ja einfach durch das Gras trampeln und uns also den Weg abschneiden. Da allerdings hatte er plötzlich ein Einsehen und war offenbar hinreichend zufrieden mit seiner kleinen Machtdemonstration. Er sah uns noch ein Weilchen zu, wie wir, einem Spielzeugauto gleich, vor ihm rückwärts davonbrausten, dann drehte er sich um und trottete zurück zu den Seinen. Da drehte der Ranger sich zu uns um, lächelte uns strahlend an und sagte: »Alles gut!« Und das war es dann ja auch wirklich. Selten habe ich etwas lieber gehört als diese beiden Worte in diesem Augenblick. Mein Verhältnis zur Sprachkritik ist, wie gesagt, gespalten.

BEAUTYTIPPS FÜR DEN TEUFELSSEE

Volker Surmann

Nach mehreren Besuchen am Teufelssee in diesem Monat kann ich sagen: Die Liegewiese dort ist inzwischen die größte Bad Taste-Party Berlins. Beim hippen Szeneplanschen gelten ungeschriebene modische Gesetze. Du willst dazugehören? Kein Problem: Schau dir ältere Filme an, am besten schlechte Komödien aus den 1990ern. Studiere, wie darin die Hinterweltler dargestellt werden, die Dorfdeppen und Landeier. Dies seien deine Role Models. Eigne an. Aber voll ironisch natürlich, denn du hast ja studiert. Kopiere ihren Style: ihre Frisuren, ihre Topfschnitte, die Schnäuzer, Dauerwellen und Vokuhilas, ihre Klamotten. Schau den ersten *Borat*-Film. Besorg dir seine Badebekleidung; glaub nicht, du würdest hier damit auffallen. Schau in die Kartons mit deiner Kinderkleidung, such eine alte Frotteeunterhose mit Blümchen. Weite sie, so gut du kannst. Leiere sie aus, denn wenn du sie anziehst, musst du sie mindestens bis zum Bauchnabel hochziehen können, besser noch bis zu den Brustwarzen. Oder bastle dir einen Stringtanga aus einer alten Jeans. Schneide mit der Nagelschere dort, wo dein Schamhaar ist, ein kleines Herz rein, als sei es die Klotür zu deiner Libido. Wenn du sicher bist, du würdest als »Zweiter Idiot am Strand« in *Dumm und Dümmer* oder *Manta, Manta* ideal besetzt sein, bist du geradeso hip genug für den Teufelssee im Sommer 2022.

GOD SAVE THE PLANET

AUGUST – SEPTEMBER 2022

WARUM ANS MEER, WENN MAN AUCH AUF SYLT SEIN KANN?

Thilo Bock

Westerland. Der Sommer war lang, heiß und hart auf Deutschlands nördlichster und zugleich glamourösester Insel. Hatte man hier früher hauptsächlich damit zu tun, sein Fischbrötchen gegen hungrige Möwen zu verteidigen und den Strand gegen gierige Wellen, die dafür sorgten, dass fester Boden unter den Füßen noch rarer war als eine Portion getrüffelter Seespargel, mussten sich die Insulaner in dieser Saison mit einem massiven Ansturm von am Rand der Gesellschaft stehenden Menschen auseinandersetzen. Viele waren auf unkonventionelle Weise angereist: mit der Motoryacht etwa oder dem E-Porsche. Manch einer kam gar per Privatjet.

Der Sommer feierte seine Hochzeit und die spätrömische Dekadenz gleich mit. Fiederalla. Und dann kamen auch noch die Punks mit dem Neun-Euro-Ticket angezuckelt. Die *Bild*-Zeitung hatte sie ja quasi dazu eingeladen, indem sie nicht müde geworden war, vor einem Besuch des Pöbels auf der Insel der Reichen und Schönheitsoperierten zu warnen.

Die Punks sind zwar nicht unbedingt gekommen, um zu bleiben. Aber wo sie schon mal da sind, haben sie sich häuslich eingerichtet am Brunnen in der Fußgängerzone von Westerland und vor der Rossmann-Filiale gegenüber vom Bahnhof, wo sie laut Lokalpresse hingezogen sind, da ihnen der Brunnen, in den viele uriniert haben, zu sehr stinke. Insgesamt ein hartes Los für Leute, die auch im Leben nicht so recht vom Fleck kommen, was ja ihr gutes Recht ist.

Randale-Ralf etwa, der zu den ersten Punks auf der Insel zählte, war es bislang nicht vergönnt, das Meer zu sehen. »Ich habe einmal rübergeguckt, aber ich war noch nicht mal am Strand«, grölt er fröhlich in die Handykamera eines Reporters vom Szenemagazin *Focus*. »Wer fährt schon ans Meer, wenn man auch auf Sylt sein kann?«

Jetzt wo der Sommer zur Neige geht wie ein schales Bier in der PET-Mehrweg-Pulle, realisiert manch Punk das Problem. »Dieses scheiß Ticket gilt ja gar nicht mehr!« Nelli, pinkes Haar und mehr Piercings im Gesicht als Zähne im Mund, zeigt ihr zerknittertes Exemplar. »Das war nur im Juni gültig. Nu ist aber August. Wie komm ich jetze zurück?« Zwar gebe der gemeine Sylter gerne mal ein paar Euros, um nicht länger als nötig angeschnorrt zu werden, doch reiche das von hinten bis vorne nicht. »Die Lebenshaltungskosten hier oben sind enorm«, sagt Nelli. »Wir müssen ja auch Kurtaxe zahlen, Miete für den Strandkorb.« Und das Bier bei Edeka sei um einiges teurer als daheim in Chemnitz.

Kralle und Klausi sind etwas sparsamer unterwegs. Sie kaufen in den örtlichen Geschäften lediglich Tabak und beutelweise Eiswürfel. Mit letzteren befüllen sie die Packstation, zu der sie sich ihre Getränke liefern lassen – im Amazon-Sparabo. Klausi gibt die Devise vor: »Wer braucht schon ein Neun-Euro-Ticket, wenn er für den gleichen Preis ein Fünf-Liter-Fass haben kann?«

Nicht alle Punks sind knapp bei Kasse. Die Ausgeschlafenen unter ihnen gehören längst zu den Großverdienern auf Sylt. Florian aus Berlin etwa macht im Schnitt 190 Euro – pro Stunde. Und das mit geschlossenen Augen. »Beim ersten Mal bin ich im Sitzen eingepennt«, gibt Florian zu Protokoll. Er lehnt am Kassenhäuschen an der Strandpromenade. »Seitdem stelle ich mich immer schlafend, aktives Schnorren kommt hier nicht so gut.«

Und tatsächlich: Die meisten Passanten zahlen aus Reflex. Die Punks gehören inzwischen zum Inventar der Insel, sind eine touristische Attraktion unter nicht so vielen.

Sylts Bürgermeister Nikolas Häckel begrüßt das. Schließlich lebten überall im Land, wo was los ist, Punks. »Das ist total normal«, sagt er erfreut. »Es gab drei, die waren ein bisschen spezieller und haben sicherlich auch zu diesem besonderen Ruf beigetragen.« Inzwischen seien »diese Herrschaften« aber wieder abgereist. Wahrscheinlich war ihnen die Kurtaxe zu teuer.

Zum Sommerende fegt jetzt mitunter manch steife Brise über das edle Eiland. Kälter als am Hamburger Hauptbahnhof, auf dem Alexanderplatz oder in einer unbeheizten Wohnung dürfte es im Strandkorb wohl aber nicht werden. Die Sylter Polizei macht seit Ende August regelmäßig die Ansage: »Wer jetzt nach Hause will, sollte noch den letzten Neun-Euro-Zug besteigen.« Ab dem 1. September ist nämlich Schluss mit billig.

Solche Details kann man schon mal vergessen mit einem gut gekühlten und gefüllten Fach in der Packstation. »Vielleicht bleibe ich für immer hier«, sagt Randale-Ralf. »Dann schaff ich's womöglich doch mal ans Meer. Soll ganz schön da sein. Sagen eigentlich alle. Und jetzt wo die Touristen weniger werden ...« Er nimmt noch einen Schluck aus seiner Plastikpulle.

Sylt ohne Touristen sei wie ein Hut ohne Münzen, warnt hingegen Solveig Jansen vom Interessenverband Wirtschaft auf Sylt. »Langsam müssten die Herrschaften sich mal eine Anschlussverwendung ausdenken.« Bei ihrer letzten Hauptausschusssitzung seien auch einige Punks anwesend gewesen – natürlich stilecht mit Bierflaschen in der Hand.

»Wir waren nicht mal komplett besoffen«, sagt Raini, der Sprecher der Sylter Punks. Sie hätten vorgeschlagen, alle markanten Ecken der Insel mit ihren Leuten zu besetzen, um nachahmende Fremdbettler abzuschrecken. »Viele Ladenbesitzer haben Angst, wir würden ihre Kundschaft verschrecken«, sagt Raini. »Was Quatsch ist. Vielmehr überzeugen wir die meisten, dass eine Investition in uns viel nachhaltiger ist als eine Seidenkrawatte von Kirmes oder wie dit heißt.«

Auch im Stadtrat wird regelmäßig über die Neusylter diskutiert. Mal geht es um ein mögliches Alkoholverbot in der Fußgängerzone und am Strand, der jedoch vom Sylter Champagnerklub e.V. vehement abgelehnt wurde. Und die Räumung des Stadtparks, in dem sich viele Punks mittlerweile zurückgezogen haben, wurde ebenfalls verworfen. »Endlich hat diese unansehnliche Grünanlage einen Zweck«, freut sich Bürgermeister Häckel über das bisschen Bunt neben seinem Rathaus.

Manche hätten gar gerne gesehen, dass sich der langjährige Sylter Streetworker Fiete Bruhns mit den Punks beschäftigt. Nur quittierte dieser bereits nach ersten diesbezüglichen Gerüchten seinen Dienst und zog ebenfalls in den Stadtpark. »Ich bin doch nicht blöd«, sagt Bruhns. »Nach 33 Jahren soll ich plötzlich arbeiten. So weit kommt's noch!«

Bürgermeister Hackel versteht das. »Streetworker helfen Menschen, die sich selbst nicht mehr helfen können. Die Punks aber haben kein Problem mit ihrem Leben. Die sind mit sich und der Welt zufrieden.« Man müsse das als Chance für die Insel begreifen. Von den Punks lernen hieße, die eigene Mitte wiederzufinden. Erste Millionäre seien bereits mit einer Büchse Bier in der Hand am Brunnen gesichtet worden.

Inselpfarrerin Susanne Zingel pflichtet der Sichtweise des Bürgermeisters bei. Sie hatte zuletzt versucht, Finanzminister Christian Lindner den Weg zurück in ein christliches Leben zu weisen. »Die Punks müssen hier gar nicht arbeiten. Ihre gesellschaftliche Funktion ist doch, dass sie den Reichen aufzeigen, wie verdammt reich sie sind. Das macht ihren Wert für unsere Insel aus.«

Und das ist längst nicht alles. Nachdem Anfang August Politikurgestein Wolfgang Schäuble den Punks in seinem Rennrollstuhl einen Besuch abgestattet hat, um mit ihnen bei Kaffee und Apfelsaftschorle über soziale Gerechtigkeit zu diskutieren, suchen auch aktive Entscheidungsträger das Gespräch mit den Neusyltern. In Regierungskreisen ist bereits vom Westerländer Punkorakel die Rede. So soll sich Wirtschaftsminister Robert Habeck Empfehlungen für alternative Energiesparmaßnahmen abgeholt haben. Verteidigungsministerin Christine Lambrecht hat ihrem Sohn ein Punkerpraktikum besorgt. Und auch der Bundeskanzler werde in Kürze im Stadtpark neben dem Rathaus erwartet. Angeblich erhoffe er sich ein robustes Kommunikationstraining.

Dank der bunthaarigen Neuankömmlinge ist Sylt endlich ein normales Fleckchen Deutschland geworden. Vielleicht, so hoffen viele auf der Insel insgeheim, bleiben dann auch die asozialen Schnösel von der FDP ein für alle Mal weg.

SCHWEDISCHE WEGE

Frank Sorge

Nach zwei Jahren Pandemie darf es ruhig mal ein Urlaub im Ausland sein, so dachten wir uns, und damit der Schock für die Kinder nicht so groß ist, fanden wir Schweden eine gute Idee. Es gibt wenige Hinweise darauf, dass man jetzt in Schweden ist, von der Landschaft her bleibt alles ungefähr gleich auf dem Weg. Sind wir schon in Schweden? Nein, Mecklenburg. Sind wir jetzt in Schweden? Nein, Dänemark. Sind wir endlich in Schweden? Ja. Die Kinder schauen ausdruckslos aus dem Fenster. Vielleicht schwant ihnen gerade, dass ihnen Erwachsene manchmal groben Unfug erzählen, dass man ihnen vielleicht doch nicht alles glauben sollte. Das ist ein wichtiger Schritt zur Selbstständigkeit.

»Und woran sieht man das?«

»Erst mal an gar nichts«, sage ich. »Aber warte, gleich – da, ein Elch!«

»Wo denn?«

»Da, auf dem Schild.«

»Ach so.«

»Elche sind die größte Ursache für Verkehrsunfälle hier«, wirft meine Frau ein.

»Ein größeres Lebewesen gibt es hier doch gar nicht«, wende ich ein. »Natürlich sind sie dann die größte Ursache.«

»Bäume wären ja wohl eine größere Ursache für einen Verkehrsunfall, ich meinte: die häufigste Ursache.«

»Ich habe aber noch nie ein Verkehrsschild mit einer Warnung vor Bäumen gesehen.«

»Nun streitet euch doch nicht«, mahnt eins meiner Kinder. »Wir sind doch im Urlaub!«

»Die Schilder sind jedenfalls der Beweis«, führe ich aus. »Der Test, der Elchtest, daran kann man genau bestimmen, ob man sich in Schweden befindet. Bei uns sind da Rehe drauf.«

»Und in Norwegen?«, wirft meine Frau spöttisch ein. »Was ist da drauf?«

»Bären!«, sage ich voller Überzeugung. Sie hat die Hände am Steuer und kann nicht googeln.

»Und in Finnland?«

»Rentiere natürlich.«

»Na ja, soso«, sagt meine Frau. »Man sollte den Elchen jedenfalls ausweichen, wenn man sie auf der Straße trifft, nicht wie bei uns draufhalten.«

»Bei uns halten wir auf Elche drauf?«

»Nein, aber auf Rehe. Die sind klein und schlank und werden recht effektiv von der Motorhaube ...«

»Mama, hör auf!«, kommt von der Hinterbank.

»Jedenfalls sind Elche aber dick, und sie stehen auf dünnen Beinen, der Körper landet also auf der Frontscheibe, deshalb weicht man hier aus. Ich sags ja nur, weil du gleich fahren musst.«

Auf den langen Straßen sehen wir sie auch auf der Fahrbahn, die Spuren der Reifen von Ausweichmanövern schwedischer Art. Schlangenlinien, die nur selten seitlich von der Fahrbahn an einem verbeulten Zaun enden.

Wir waren schon mehrfach in Schweden, bevor die Kinder geboren wurden, und ich hatte das Land damals abgespeichert als bevorzugten, nächstgelegenen Fluchtort für die Zombieapokalypse. Seit wir dann allerdings die Zombieapokalypse hatten, war das Bild etwas getrübt. Würden die Schweden mit Zombies genauso umgehen wie mit Corona, mit fressen und gefressen werden? Was immer ich mit Schweden vorher verbunden hatte, jetzt ist es das Wort »Eigenverantwortung«. Beim Einpacken stellte sich daher durchaus die Frage, ob wir überhaupt Masken mitnehmen sollten, vielleicht würden die ja an der Grenze beschlagnahmt.

Man kann sich viel einbilden, auch zu Corona, das will ich nicht leugnen, aber die schwedischen Freunde, mit denen wir einen Wohnungstausch machen, spiegeln uns den Gedanken in grün. Für sie ist Deutschland das Maskenland, sobald man mit dem Zug über die Grenze fahren würde, würden sämtliche Passagiere die Maske abwerfen vor Erleichterung. Erwartungsvoll schauen sie uns an, ob wir uns über die Aussicht freuen. Ich glaube, sie denken, jeder würde sich darüber freuen, sie erzählen eine solche Geschichte aus einer völlig anderen Perspektive. Sie glauben, dass man auch ohne Maske verantwortlich ansteckend sein kann, für mich ist die Maske mittlerweile ein Schutzschild gegen aggressive Sorglosigkeit.

Es ist nicht der beste Grund, meine Maske gern zu tragen, aber ich mag eure Aerosole immer noch nicht. Natürlich steht man nicht irgendwo im Wald und zieht die Maske auf, weil es Vorschrift ist, außer es ist zudem vorgeschrieben, bekloppt zu sein. Aber bei jedem maskenlosen Gang über die Kreuzung Muller-/Ecke Seestraße bereue ich es, im Moment nicht noch konsequenter zu sein, denn es ist eng, ich rieche die Menschen, die an mir vorbeigehen. Sie husten, sie rotzen, sie schwitzen, andere riechen wie eine Douglas-Filiale. Das sind alles Aerosole, oder?

Im schwedischen Supermarkt, in dem die Freunde sonst einkaufen, tragen wir auch keine Maske. Er ist gut belüftet, wir erleben ihn nie als zu voll, wir riechen nur uns, und fühlen uns sicher. Wenn sie diesen Text hören, könnten sie mir kurz schreiben, ob es ihnen in unserem Penny-Markt im Wedding genauso gegangen ist.

Im schwedischen Supermarkt selbst machen wir einen Anfängerfehler, die Pandemie hat wohl doch ein paar Gehirnzellen gekostet. Wir kommen hungrig an und schaufeln alles mögliche in den Einkaufswagen, was lecker aussieht. Die Kinder sehen sich hungrig um, was kann ihnen schnell Erleichterung verschaffen? Da sehen sie das Würstchenregal, großes Aha und Oho, viele bunte leckere Würstchen. Aber wir haben die Weichwurstgrenze vergessen, auch wenn zu unserer Verteidigung gesagt werden muss, dass ich sie mir gerade ausgedacht habe. Sie ist aber real, es hat sie nur noch niemand so genannt. Die Weißwurstgrenze verläuft durch die Mitte Deutschlands, die Weichwurstgrenze jedoch scharf an den nördlichen Ländergrenzen. Grundsätzliche Regel: Egal, welches Würstchen man oberhalb der Weichwurstgrenze probiert, Dänemark, Schweden, Norwegen, Niederlande auch, egal, wie vielversprechend es aussieht, nach einem Biss legt man es weg. Sie sind zu weich. Irgendwas mischen die da rein, oberhalb der Weichwurstgrenze, was die Würstchen ungenießbar macht. Nach einem Fehlversuch weiß man das wieder.

Anders beim Bier, denn ich bin und bleibe ein Freund des Leichtbieres. Es ist doch einfach leckerer und erfrischender als ein Glas Wasser, auch wenn der Unterschied zugegeben nicht sehr groß ist. Überraschenderweise hat der Supermarkt aber auch angesagtes IPA im Angebot. Auch wenn der Spagat breit ist, aber eine Leichtversion eines Starkbieres hat dann immerhin den Vorteil, dass noch was übrig bleibt an Geschmack. In einen *Systembolaget* gehen wir gar nicht, um etwas Stärkeres zu besorgen, es sind auch wirklich fiese Geschäfte. Sie sind gnadenlos mit Neonlicht ausgestrahlt, kahl eingerichtet, und man darf nie den Fehler machen, in den Minuten vor der Ladenöffnung dort zu warten. Noch schlimmer als der Geruch von Alkohol drinnen ist die Unruhe der Alkoholiker draußen.

Ob dieser schwedische Weg überhaupt einen guten Effekt hat, darüber weiß ich nichts und kann mir kein Urteil erlauben. Dennoch wird uns auch wieder erzählt, wie fies hier am Wochenende abgestürzt wird, wie haltlos gesoffen wird. Ja, klar, aber was sollte uns Weddinger da schocken können?

Es ist herrlich ruhig im kleinen Ort mitten im Wald, am Samstag wird auf irgendeinem Grundstück gefeiert. Wahrscheinlich sind es nur eine Handvoll Leute, aber sie grölen für fünfzig. Ich kenne ja Betrunkene, die lallen, oder Betrunkene, die schreien, aber lallend Schreiende, die höre ich nicht so oft. Es sind jedenfalls Geräusche, wie man sie vielleicht für die Brunft der Elche erwartet, die kaum etwas Menschliches haben.

Sie dauern die Nacht über an, schlaflos stehe ich vor dem Haus, warte auf das Schweigen der Elche. Ich schaue dabei in den Himmel und zähle die hundertste Sternschnuppe. Die Erde durchfliegt gerade die Schweifspur eines Kometen, wie jedes Jahr im August, und würde der Nachbar die fiesen Scheinwerfer seines Carports ausschalten, gäbe es hier auch keine Lichtverschmutzung. Auf jede Sternschnuppe kommen zwei Mückenstiche, da muss man dann einfach Prioritäten setzen. Hundert Wünsche, die sich erfüllen, sollten jedenfalls eine Weile für uns reichen, inklusive dem, bald wieder herzukommen.

KOLONIALWAREN

Heiko Werning

In den Flughafenshops der namibianischen Hauptstadt in Windhoek gibt es, wie überall auf der Welt, landestypische Devotionalien aller Art zu kaufen. Handgeschnitzte Nilpferde, T-Shirts mit Warzenschwein-Warnschildern, Kühlschrankmagneten in Form eines Pavianhinterns. Lauter schöne Dinge eben. Und Aufkleber mit deutscher Reichsflagge und der in Frakturschrift gehaltenen Aufschrift »Deutsch Südwest-Afrika« oder »I love Deutsche Schutztruppe, 1894 bis 1915«. Staunend betrachte ich die kolonialistischen Fanartikel. Der freundliche schwarze Verkäufer bemerkt mein Interesse und fragt in Deutsch mit nur leichtem, holländisch klingendem Akzent: »Sind Sie aus Deutschland? Dann müssen Sie die haben! Ich gebe Ihnen zwei zum Preis von einem!« »Ähm, nein danke«, antworte ich verwirrt. »Aber sind Sie aus den Niederlanden?« Jetzt schaut der Mann mich verblüfft an. »Nein, ich bin aus Otjiwarongo. Kennen Sie Otjiwarongo? War lange Stützpunkt der Deutschen Schutztruppe.« »Ist das nicht am Waterberg?« »Genau, am Waterberg! Da müssen Sie unbedingt hin. Da ist der Ehrenfriedhof der Deutschen Schutztruppe. Den müssen Sie besuchen. Ist sehr schön gepflegt! Alle Gräber sind sehr sauber!« »Ähm, ja. Mal sehen. Aber ist von dort nicht auch der Völkermord an den Herero begangen worden?« »Ja, genau«, strahlt der Mann mich an. »Der Waterberg war der Rückzugsort der Herero beim Aufstand 1904. Von dort haben sie die Stützpunkte der deutschen Schutztruppe angegriffen. Haben

sich auch erst ganz gut geschlagen, sehen Sie am Ehrenfriedhof, viele tote Deutsche. Aber dann waren die Deutschen doch
irgendwie besser und haben den Waterberg eingenommen
und die Herero von dort in die Kalahari vertrieben, wo die meisten verdurstet sind.« »Ja, furchtbar«, gebe ich mich betroffen.
»Ja, schon irgendwie«, sagt der Verkäufer. »Aber die Eisenbahnen!«, setzt er gleich darauf nach, offenbar um die Stim-
mung wieder aufzulockern. »Hä?« »Na, die Deutschen haben
auch die Eisenbahnlinien von Swakopmund nach Windhoek
und von Lüderitz nach Aus gebaut. Mitten durch die Wüste.
Großartige Leistung! Und die fahren immer pünktlich! Bis
heute!« »Ähm, ja ...« – ich weiß nicht genau, wie ich darauf
reagieren soll. »Wollen Sie Aufkleber? Ich gebe Ihnen sogar
drei zum Preis von einem. Wegen der Eisenbahnen!«

Das deutsche Kolonialerbe in Namibia ist tatsächlich etwas
verstörend. Die Orte hier heißen eben nicht nur Outjo, Otjiwarongo, Okaukuejo oder Okumumbombe, wie sich das gehört,
sondern daneben liegen auch Grünau, Teufelsbach, Grunewald
oder Mariental. In praktisch jedem Dorf gibt es Bismarck-,
Lüderitz-, Kaiser-Wilhelm- oder Hindenburg-Straßen. An den
Fassaden prangen Aufschriften wie »Deutsche Handelsge
sellschaft« »Deutscher Turnverein« oder »Kegelvereinsheim
Deutsch-Südwest«. Und in den Supermärkten liegen Produkte
namibischer Herkunft mit Namen wie »Delikatess-Leber-
wurst« oder »Original-Fleischwurst« von Firmen wie »Deutsche Großschlachterei«. In den Restaurants gibt es immer
auch Jägerschnitzel oder Schweinshaxe, und zwar unter so ver-
lockenden Namen wie »Jägerschnitzel« oder »Schweinshaxe«.
Es wirkt wie ein feuchter Traum der AfD. Nur dass die Leute
drumherum halt im Wesentlichen alles Schwarze sind.

Vielleicht ist das aber auch die Schreckensvorstellung
von Alexander Gauland oder Beatrix von Storch, wenn sie
nachts mal schweißgebadet hochschrecken: Das ganze Land

kruppstahlhart deutsch, frei von jedem Anflug von Veganem, Queerem oder Wokem, sogar die Eisenbahn fährt pünktlich – nur halt die Leute alle schwarz.

Vor allem die offenbar in ganz Namibia völlig unabhängig von der Hautfarbe zwanghaft gepflegte sprichwörtliche deutsche Pünktlichkeit geht uns richtigen Deutschen schnell auf die Nerven. Als wir um fünf vor zehn zur Zehn-Uhr-Führung in Kolmannskuppe, einer ehemaligen deutschen Diamantenabbausiedlung, eintreffen, informiert der Mann im Besucherzentrum uns knapp: »You have five minutes to go to the starting point. If you miss it, you miss it.« Wer um Punkt zehn nicht da ist, hat's halt verwirkt. Als wir ein anderes Mal im Caprivi Strip etwas knapp zu einer Bootsfahrt auf dem Okawango eintreffen, heißt es unmissverständlich: »Die Tour startet um vier. Sie haben drei Minuten, sonst legt das Boot ohne Sie ab. Die anderen Passagiere wollen schließlich nicht warten.« Wir schaffen es gerade noch so. Das Boot hat tatsächlich schon die Leinen losgemacht, aber wir können noch fix an Bord hüpfen. Außer uns vier sind genau zwei andere Touristinnen an Bord, zwei etwa sechzigjährige Deutsche. Gut, dass die nicht alle auf uns warten mussten.

Wurstwaren, Pünktlichkeit und Völkermord – die drei großen Exportschlager Deutschlands. Mehr als einmal möchte ich im Lauf der Reise mein schwarzes Gegenüber an den Schultern packen, schütteln und ihm zurufen: »Wir sind gar nicht so! Wir Deutschen sind weltoffen und entspannt! Wir kommen gar nicht immer pünktlich. Die Deutsche Bahn schon mal gar nicht. Und auch wir lassen den lieben Gott gerne mal einen guten, leicht verspäteten Mann sein. Wir kommen mitunter fünf Minuten später als verabredet. Manchmal sogar sieben Minuten. Oder acht! Wir! Sind! Völlig! Entspannt! Und! Locker! Drauf! Wir essen sogar Salat! Manchmal jedenfalls. Und wir haben unsere Völkermorde vorbildlich aufgearbeitet! Wir haben alle Schuld auf uns genommen! Und sogar irgendwas bezahlt! Wir sind jetzt die Guten, kapiert ihr das nicht? Nehmt euch gefälligst mal ein Beispiel daran! Lüderitzstraßen, überall habt ihr noch Lüderitzstraßen, also wirklich! Wir haben auch eine Lüderitzstraße in Berlin, aber wir benennen die um! Weil wir nämlich alles aufgearbeitet haben! Und die Vergangenheit bewältigt! Und ihr? Ihr habt sogar noch eine ganze Stadt, die Lüderitz heißt! Und was habt ihr gemacht, als eure Regierung euch neulich endlich vorgeschlagen hat, die in irgendwas Afrikanisches umzubenennen? Ihr habt in einer Volksabstimmung dagegen gestimmt! Mit deutlicher Mehrheit, auch unter den schwarzen Einwohnern! Ihr wollt unbedingt weiter in einem Lüderitz leben! In einem Lüderitz mit Jägerschnitzel und Kegelbahnen und pünktlicher Eisenbahn! Und ohne jede ordentliche Vergangenheitsbewältigung. So wird das doch nie was hier! Nehmt euch gefälligst mal ein Beispiel an uns Deutschen! Wir zeigen euch schon, wie man das richtig macht!«

Ich habe dann aber doch lieber meine Klappe gehalten und mich bemüht, zukünftig etwas pünktlicher zu sein.

DIE GENERALMOBILMACHUNG

Robert Rescue

Ein Telefon klingelt.

Brigadegeneral Uchtmann schaut auf das Display. Er mag nicht rangehen, aber er muss. Befehl von ganz oben.

»Huhu, Herr Generalfeldmarschall. Hier ist die Franzi. Haben Sie schon die Nachrichten gehört? Wir haben ein Problem mit diesem scheiß Sprengplatz im Grunewald. Der fliegt uns gerade um die Ohren. War ja klar, dass da was passiert, jetzt, wo das halbe Land abfackelt. Diese ganzen Weltkriegsdinger und die Polenböller, die wir den Deppen am Jahresende abnehmen. Aber ich hatte den gar nicht auf dem Schirm, weil wir wieder Probleme mit Flüchtlingen haben, und dann haben wir ja auch kein Wasser mehr. Und außerdem habe ich gerade Urlaub. Kann in dieser scheiß Stadt nicht einfach mal was funktionieren? Wenigstens, wenn ich in Urlaub bin? Also, Butter bei die Fische: Ich brauche mal wieder Hilfe. Ein paar Panzer wären gut, also jetzt nicht Marder, Hase, Giraffe oder wie die heißen, sondern so Dinger, die alles plattmachen können. Haben Sie da gerade ein paar übrig, oder sind die irgendwo im Krieg?«

Brigadegeneral Uchtmann seufzt innerlich. Am liebsten würde er wortlos auflegen. Jedes Mal, wenn er mit Politikern zu tun hat, kommt er mehr und mehr zu der Überzeugung, dass eine Militärdiktatur die beste Regierungsform für Deutschland oder wenigstens Berlin wäre.

»Natürlich steht die Bundeswehr an Ihrer Seite, Frau Regierende Bürgermeisterin. Ich werde umgehend dafür sorgen, dass sich ein paar Bergepanzer 2.000 in Marsch setzen, welche die Kräfte von Polizei, Feuerwehr und Technischem Hilfswerk bei der gefahrvollen Arbeit unterstützen.«

»Bergepanzer 2.000? Das klingt cool. Okay, ich fahre jetzt mal raus, schaue mir die Scheiße an und guck mal, ob ich wen finde, den ich verantwortlich machen kann. Wäre gut, wenn Sie auch vorbeikommen könnten, so Gold auf den Schultern macht sich vor der Presse immer gut und beruhigt die Bürger. Bis später, Herr Generalfeldmarschall.«

Das Verhältnis zwischen Bundeswehr und Berliner Senat war nicht immer, wie soll man sagen, so kooperativ wie bei dem Brand im Grunewald. Als zu Beginn des Ukraine-Krieges Flüchtlinge nach Berlin strömten, ging die Berliner Verwaltung selbstverständlich davon aus, dass die Armee Hilfe leistete.

Doch die wollte nach der langdauernden Corona-Hilfe lieber ihre Wehrfähigkeit »inübunghalten«, die bei dem ganzen Bürokram abhandengekommen war.

Militärs wie auch Bundespolitiker ließen die Berliner wissen, dass der Einsatz der Bundeswehr nicht bei jedem Verwaltungsvorgang angefragt werden kann, sondern nur bei nationalen Katastrophenlagen. Berlin galt intern längst als »failed City«, neuerdings wurde auch von »somalischen Verhältnissen« gesprochen. Franziska Giffey wusste um die Ablehnung von Bund und Armee. Leider konnte sie sich auch nicht an die Verteidigungsministerin Christine Lambrecht wenden. Niemand wusste etwas Genaueres, aber laut Gerüchten ging es um eine nicht zurückgegebene Tupperdose.

Die Regierende Bürgermeisterin ersann einen Plan, die hiesigen Autoritäten zu umgehen und sicherzustellen, dass sie jederzeit auf die Unterstützung durch die Streitkräfte zählen konnte.

Sie rief beim NATO-Hauptquartier in Brüssel an und ließ sich zu Jens Stoltenberg durchstellen. Dieser versicherte ihr, dass er die Probleme Berlins ernst nehme, aber nicht helfen könne, weil er im Prinzip der »Grüßaugust« sei, der die Entscheidungen der Militärs der Öffentlichkeit mitteile und sonst nichts zu melden habe. Er riet ihr, sich an die Generalität zu wenden und ihre Bitte mit Hinweisen zu untermauern, dass Berlin schon immer strategisch wichtig gewesen sei, siehe Kalter Krieg, Frontstadt usw., und dass Berlin auch jetzt Frontstadt sei angesichts der Bedrohung durch die imperialistischen Kommunisten mit ihren iranischen Discounter-Drohnen.

Kurze Zeit später telefonierte die Regierende Bürgermeisterin mit dem Sekretariat des amerikanischen Generals Christopher Cavoli, der seit Juli 2022 als NATO-Oberbefehlshaber fungiert. Wie es Franziska Giffey dann gelungen ist, zum General durchgestellt zu werden, ist nicht im Detail bekannt. Giffey äußerte sich später dahingehend, sie habe mit der Vorzimmerdame Frau Kasulke »Einigkeit in einigen Sachthemen« erzielt.

Nun ist es nicht üblich, dass irgendein popeliger Bürgermeister oder Bürgermeisterin es zum NATO-Kommandeur schafft und schon gar nicht mit einem solch profanen Anliegen, Soldaten zu kriegsfernen Tätigkeiten abzustellen, schließlich ist der General den ganzen Tag mit den Themen Truppenaufstellung, Marschflugkörper und Atomwaffen beschäftigt. Franziska Giffey hatte sich schlau gemacht und herausgefunden, dass Cavoli vor seiner Militärlaufbahn Biologie an der Universität Princeton studiert und dort die Arbeit »Effekt von Regenwürmern auf die vertikale Ausbreitung von Schleimpilzen im Boden« verfasst hatte. Sie brachte daher zum Gesprächseinstieg ihre wortreiche Begeisterung über die wissenschaftliche Arbeit zum Ausdruck, outete sich als Fan von Regenwürmern und Schleimpilzen und brachte damit den General auf ihre Seite.

Zwei Stunden später griff der Amerikaner erneut zum Hörer und rief die deutsche Verteidigungsministerin an. Diese musste sich dann anhören, dass die liebe »Franzi«, wie der General sie nun nannte, »Priorität« habe, was die Verwendung deutscher Soldaten angehe.

Der General begründete seinen Befehl damit, dass die Bundeswehr aufgrund mangelhafter Ausrüstung derzeit für die NATO keine Rolle spiele und somit für andere Aufgaben freigestellt sei. Er sei überdies skeptisch, dass das 100 Milliarden Euro Sondervermögen wirklich dafür sorgen könne, dass die Bundeswehr »total toll« werde. Er habe gehört, dass allein zwei Milliarden für den Posten »Bekleidung und persönliche Ausrüstung« vorgesehen sei und ein Teil des Geldes in die Beschaffung eines neuen »Kampfschuhsystems Streitkräfte« fließe. Ob die Bundeswehr bislang barfuß in Einsätze gegangen sei, fragte der General. Die Verteidigungsministerin antwortete nicht. General Cavoli machte darauf aufmerksam, dass die Kohorten des Römischen Reiches für ihre Kampfkraft berühmt gewesen seien und dass diese Sandalen getragen haben. Ob es vielleicht eine Idee sei, deren Schuhwerk zu übernehmen?

Als Verteidigungsministerin Lambrecht schließlich mit steinerner Miene auflegte, gab sie den Befehl, eine bestimmte Tupperdose erschießen zu lassen.

General Uchtmann eilt an Bord eines Leopard-2-Panzers durch Berlin. Ein paar Autos gehen zu Bruch, ein paar Fußgänger werden überfahren, Kollateralschäden, es herrscht Gefahrenlage. Eine Dreiviertelstunde später sagt er in die ausgestreckten Mikrofone der Journalisten, befragt nach der Arbeit der Bergepanzer: »Die Schneisen dürfen nach Ende der Krise als wunderschöne, breite Wander- und Radwege der Berliner Bevölkerung zur Verfügung stehen.«

Die Umstehenden applaudieren, und Franziska Giffey klopft ihm anerkennend auf die Schultern. Der General ist plötzlich tief beschämt über das Gesagte. Er schaut nach vorne und denkt an seine Pensionierung. Er wird unverzüglich die Stadt verlassen. Die Regierende Bürgermeisterin wendet sich ebenfalls an die Presse: »Ich finde super, was der Herr Generalfeldmarschall da gesagt hat. Wir müssen bei all der Schrecklichkeit der Geschehenen nach vorne schauen und für die Zukunft den Charakter des Naherholungsgebietes Grunewald im Blick behalten.«

»Und Aufforsten ist wichtig«, sagt ein Förster. »Mit Mischwald natürlich.«

»Eine Verlegung des Sprengplatzes ist auch vonnöten«, meint ein Bezirksbürgermeister. »Die Gefährdung von Menschenleben ist nicht hinnehmbar. Ich schlage vor, den Sprengplatz künftig in eine Gegend zu verlegen, in der ein möglicher Schaden durch Explosionen akzeptabel ist. Ich denke da an den Wedding.«

General Uchtmann blickt starr in die Kameras und atmet flach. Er wird alles hierlassen, sogar Frau und Kinder, und auf einer Insel im Pazifik untertauchen. Er schaut nach vorne und freut sich auf diesen Tag.

HOWGH, ICH WERDE GESPROCHEN HABEN!

Heiko Werning

Jetzt haben sie Winnetou also doch noch getötet. Nachdem der edle Wilde zwar schon am Ende von *Winnetou 3* in die ewigen Jagdgründe abgeritten war, sich aber trotzdem noch ein paar Jahrzehnte als rothäutiger Zombie durch Bad Segeberg und in Form von Pierre Brice durch die Filmgeschichte schleppte, ist er nun endgültig zu Tode geritten worden. Von den Politischkorrekten, den Woken und den verdammten Indianern höchstselbst, die jetzt auch noch posthum Karl May an den Marterpfahl stellen und skalpieren wollen, wie es nun einmal ihre Art ist. Wissen wir alles. Aus *Winnetou* natürlich.

Die Debatte will einfach nicht enden und ist zu einem heillosen Tohuwabohu geworden. Tohuwabohu? Klingt auch irgendwie indianisch! Zeit jedenfalls, die Debatte mal ein wenig aufzuräumen. In 13 Punkten. Alte indianische Glückszahl.

1) Es ging bei der Debatte gar nicht um Karl May. Auch nicht um Winnetou, jedenfalls nicht um den Winnetou, der offenbar der Blutsbruder einer ganzen deutschen Generation war. Sondern um den Kinderfilm *Der junge Winnetou*, der mit Karl May überhaupt nichts zu tun hat, zu dem aber wiederum der Ravensburger Verlag in geübter Merchandising-Ausschlachterei Begleitbücher zum Film erstellt hat. Diese Kinderbücher wurden auf Instagram beworben, was etwa 150 negative Kommentare provozierte. Das war er also, der gnadenlose

Shitstorm des woken Mobs. 150 negative Kommentare! Also, unter meinen *Taz*-Artikeln über Katzen schaffe ich lässig die dreifache Zahl an erheblich wütenderen Kommentaren.

2) Ravensburger hat die zwei Bücher dann zurückgezogen, also nicht mehr ausgeliefert. Das war's. Erst dieser freiwillige Rückzug eines privatwirtschaftlichen Verlags hat die Debatte ausgelöst. Plötzlich orchestrierte die Springer-Presse ein *Winnetou*-Verbot und ließ haufenweise Schauspielerwitwen und Karl-May-Exegeten barmen, dass nur ja die alten Filme und die May-Bücher nicht verboten werden, was allerdings noch überhaupt niemand gefordert hatte.

3) Dass Ravensburger seine Bücher zurückgezogen hat, kann zwei Gründe haben: Entweder die Argumente haben sie überzeugt, oder sie haben schlicht wirtschaftliche Nachteile befürchtet. Beides ist in einer freien Marktwirtschaft legitim. Es ist also mindestens befremdlich, wenn *Bild* & Co. jetzt fordern, dass die Bücher unbedingt dennoch ausgeliefert werden müssen. Wir leben hier aber nicht in einer gesteuerten Planwirtschaft, ihr Springer-Sozialisten!

4) Es ist kein Zeichen des Untergangs der freien Gesellschaft, wenn Aktivisten Kritik an einem Buch üben. Es ist vielmehr das Wesensmerkmal der freien Gesellschaft, dass jeder Kritik an einem Buch üben kann. Sogar auf Instagram.

5) Wenn Springer & Co. mit medialer Massenmacht und schlichten Falschinformationen versuchen, Kritik an einem Buch mundtot zu machen, ist das allerdings tatsächlich eine Bedrohung der freien Gesellschaft.

6) Was den Inhalt der Kritik am Winnetou-Buch angeht: kann man so oder so sehen. Kann man doch drüber streiten. Interessantes Thema.

7) Wenn jetzt plötzlich alle trotzig behaupten, sie würden sich ihren Karl May nicht verbieten lassen, die alten Bücher weiterhin ihren Kindern vorlesen und die Filme mit ihnen gucken, dann würde ich sagen: Lügner! Ich bin sehr sicher, dass kein einziges heutiges Kind oder Jugendlicher das aushalten würde. Wer selbst Kinder hat und mal versucht hat, mit denen die Filme zu gucken, die man selbst von früher in guter Erinnerung hat, weiß, was ich meine. Es geht in den meisten Fällen nicht. Mehr als fassungsloses Kopfschütteln wird man nicht ernten. Allein die Bildauflösung! Und wie langsam das alles ist! Und die »Spezialeffekte«! Damit kann man eine Generation, die mit YouTube und Marvel großgeworden ist, keine zehn Minuten bei der Stange halten. Und mit den original May-Büchern erst recht nicht. Wer's mal versucht hat, den eigenen Kindern Büchern aus den 50er- oder 60er-Jahren vorzulesen, die man vielleicht selbst als Kind gemocht hat – es wird nicht recht gelingen. Vielleicht halten sie durch, um den Papa nicht zu kränken, aber begeistern wird man damit heute niemanden mehr – die Sprache hat sich zu sehr geändert. Auch ohne woke Bilderstürmer wird heute kein Teenie mehr freiwillig Enid Blyton lesen. Und Karl May erst recht nicht.

8) Ab davon bin ich der festen Überzeugung, dass die große Mehrheit derjenigen, die jetzt ihre Karl-May-Bücher mit Klauen und Zähnen verteidigen, die selbst gar nicht kennen. Das Zeug war nämlich auch vor 50 Jahren schon praktisch unlesbar. Und die meisten der Anti-Wokeness-Krakeeler lesen doch sowieso nicht, egal was.

9) Aber nur, weil die Kritik an Winnetou & Co. legitim ist, heißt das natürlich noch lange nicht, dass sie berechtigt ist. Schon beim Bannen des Wortes »Indianer« habe ich meine Zweifel. Es scheint nämlich alles andere als Konsens unter American Natives zu sein, das Wort problematisch zu finden. Die einen sagen so, die anderen so.

10) »Aber die Betroffenen!«, heißt es stets von der identitätspolitisch bewegten, kultursensiblen Seite. Das meint aber immer nur die Betroffenen, die gerade die Meinung vertreten, der man selbst anhängt. Wenn andere Betroffene das anders sehen, sind sie einfach noch nicht aufgeklärt genug, nicht auf der Höhe des Diskurses, zu unterwürfig. Ich habe es in einer anderen Debatte selbst erlebt: Eine weiße, biodeutsche Critical-Whiteness-Kartoffelfrau warf den *Brauseboys* vor 10 Jahren wegen eines Plakats Rassismus vor. Wir sahen das anders, weil wir solche Vorwürfe aber ernst nehmen, fragten wir unsere Freunde von der *Freien Feder*, der Partnerlesebühne der *Reformbühne Heim & Welt* in der Elfenbeinküste, nach ihrer Meinung. Auch sie vermochten keinen Rassismus in dem Plakat zu erkennen, woraufhin jene weiße, biodeutsche Critical-Whiteness-Kartoffelfrau sagte, dass die halt keine Ahnung hätten und das gar nicht beurteilen könnten oder es nur uns zum Gefallen sagen würden, das wäre eine verbreitete Verhaltensweise unter Schwarzen. Postkoloniale Diskurse können so erfrischend sein! Kein Einzelfall übrigens: In der jüngsten Debatte verfolgte ich eine Diskussion zwischen dem pakistanischstämmigen *Spiegel*-Autor Hasnain Kazim, der sich vehement gegen Cultural-Appropriation-Vorwürfe wendet, auch im Winnetou-Diskurs. Eine wiederum weiße biodeutsche Critical-Whiteness-Kartoffelfrau belehrte ihn daraufhin, was Diskriminierung bedeute. Kazim wies darauf hin, dass er Diskriminierung durchaus kenne, er habe sogar ein ganzes Buch

über seine eigenen Diskriminierungserfahrungen bis hin zu Morddrohungen geschrieben, dennoch hielte er die Einwände gegen Winnetou für Unsinn. Woraufhin die Frau ihn einen »Token« nannte, also einen Quotenausländer, der sich als Feigenblatt für die Mehrheitsgesellschaft hergibt.

11) Man wird also auch auf die Übertreibungen und Übergriffigkeiten der anderen Seite ein Auge haben müssen. Nur weil jemand meint, für benachteiligte Gruppen zu sprechen, muss er noch lange nicht Recht haben. Und selbst wenn eine benachteiligte Gruppe sich von diesem oder jenem beleidigt oder diskriminiert fühlt, muss man ihr nicht Recht geben. Sonst kommen bald wieder alle möglichen Jammerlappen von den Katholiken bis zu den Islamern an und wollen uns gotteslästerliche Texte oder Mohammed-Karikaturen verbieten. Und da ist aber Schluss mit lustig.

12) Es ist lästig, aber die Dinge sind eben komplex. Man kann Rassismen in alten Büchern erkennen und sie trotzdem in den historischen und zeitgenössischen Kontext einordnen und hinnehmen. Man kann diskriminierende Passagen in Filmen attestieren, Triggerwarnungen aber dennoch albern finden. Man kann es für richtig halten, das N-Wort in Neuauflagen von Kinderbüchern durch harmlose Wörter zu ersetzen, die Konstruktion »N-Wort« aber dennoch für völlig plemplem halten. Und sie trotzdem nutzen, weil es es einfach nicht wert ist, deswegen Leuten vor den Kopf zu stoßen, denen man ja überhaupt nicht vor den Kopf stoßen will. Und man kann mit Leuten streiten, die für sich in Anspruch nehmen, die Rechte diskriminierter Gruppen zu vertreten, auch wenn man selbst für die Gleichstellung und Nicht-Diskriminierung genau dieser Gruppen kämpft. Geht alles. Man muss halt diskutieren und Argumente wägen. Aber niemand hat deswegen Recht,

weil er einer bestimmten Gruppe angehört. Und natürlich hat auch niemand deswegen Recht, weil irgendwas schon immer so war oder er es in seiner Kindheit so gemocht hat.

13) Meine persönliche Bilanz nach der öffentlichen Winnetou-Debatte wäre ja: alle bescheuert. Aber vielleicht brauchen wir genau solche Diskurse immer und immer wieder, um Dinge zu hinterfragen, Gewohnheiten zu prüfen, um Überfälliges auszusortieren, aber Berechtigtes zu bewahren. Und am Ende bringen sie uns dann doch weiter. Wie sehr, merkt man manchmal ganz nebenbei im Alltagserleben. Ich mochte als Jugendlicher sehr die *Men in Black*-Filme. Ich habe sie deshalb neulich mit meinen Söhnen angeschaut. Als nach dem Ausscheiden von Agent K ein Nachfolger gesucht wird und zu diesem Zweck 12 potenzielle Anwärter zum Casting in der Zentrale der MIB sitzen, fragte mein älterer Sohn mich ehrlich verwundert, ohne politischen Hintergrund, einfach nur aus schierem Erstaunen: »Wieso ist denn da keine einzige Frau unter den Kandidaten?« Was vor 20 Jahren noch unangefochtener Mainstream war, ruft bei der heutigen Jugend einfach nur Unverständnis hervor. Irgendwie geht eben doch alles voran.

AKTENZEICHEN X&Y

Volker Surmann

*Triggerwarnung: Dieser Text ist pointenfrei und enthält eine Fuß-
note, was manche Leser*innen womöglich verstören könnte.*

Lieber Jens. Jetzt doch. Jetzt schreibe ich doch etwas zu deinem
Post. Jetzt schreibe ich doch etwas zum Thema Gender und
trans – was ich eigentlich niemals wollte: zu viele Fettnäpfchen
auf dem Weg. Allerdings scheinen die meisten schon deine
Fußabdrücke zu tragen, da werden meine hoffentlich nicht
mehr auffallen. Dein Posting war öffentlich, ich zieh hier also
nichts mutwillig ans Licht, was du nicht selbst dorthin gestellt
hättest, du wolltest diesen Diskurs, und trotzdem gebe ich dir
in diesem Text lieber einen anderen Namen.

Ganz bewusst wird dies kein journalistisch durchrecher-
chierter Fachbeitrag. Das können andere besser. Das wird
manch Aktivist*in vielleicht hier und da ärgern, aber für mich
ist dieser Text zugleich ein Versuch zu eruieren, wie viel Wissen
ich mir mit der Zeit durch offene Augen und Ohren als schwu-
ler Mann in Berlin angeeignet habe und ob dies ausreicht, um
deine Position, Jens, anzugreifen.

Um es kurz zu rekapitulieren: Was ist passiert? Die Medi-
zinnobelpreisträgerin Christiane Nüsslein-Volhard hat der
EMMA ein Interview gegeben zum Thema Transgeschlechtlichkeit. Und du, Jens, hast es mit u. a. diesem herausgestell-
ten Zitat geteilt: »*Wie man sich fühlt, das lässt sich durch soziale
und psychologische Umstände ändern. Das biologische Geschlecht*

aber eben nicht. Das ist dort, wo wirklich Wissenschaft betrieben wird, auch völlig unstrittig. Der Gesetzgeber kann gar keine Geschlechtsumwandlung ermöglichen. Er sagt nur: Diese Frau darf ab jetzt behaupten, sie sei ein Mann. Und umgekehrt. Die biologischen Grundlagen sind absolut nicht zu ändern. Aber da sieht man, dass die Leute keine Ahnung von Biologie haben. Der Mangel an Bildung auf diesem Gebiet ist ganz schlimm.«

Und ich fragte dich, Jens: »Was führst du da eigentlich für einen seltsamen Kampf? Warum ist es so wichtig für dich, dich zu diesen Themen so eindeutig zu positionieren?« Und du hast mir geantwortet, es gehe dir »um Wahrheit. Die Rechten haben ihren Klimaskeptizismus, die Linken ihre Genderideologie.« Und ich habe geschrieben: »Uff. Keine weiteren Fragen.«

Nun antworte ich also doch und stelle weitere Fragen.

Lassen wir mal die Kleinigkeit beiseite, dass der Klimaskeptizismus in letzter Konsequenz das Überleben der Menschheit gefährdet, wohingegen die vermeintliche »Genderideologie« lediglich das Ziel hat, den 0,3 bis 0,7 Prozent trans Menschen unter uns das Leben ein klein bisschen besser zu machen. Und lassen wir also mal außer Acht, dass die Rechten und Linken in deiner Gleichsetzung auf völlig verschiedenen humanistischen Dampfern sitzen und dazu noch in entgegengesetzte Richtungen schippern. Schauen wir lieber auf die »die Wahrheit«, um nichts weniger geht es dir ja. Und die spricht angeblich eine 79 Jahre alte, emeritierte Biologieprofessorin und Nobelpreisträgerin aus.

Eine deiner Followerinnen kommentiert gegen mit einem Artikel aus dem *Deutschen Ärzteblatt* über Transidentität bei Jugendlichen. Deine Antwort besagte, der verlinkte Essay sei »*ideologisch*« und widerlege nicht »*die wissenschaftlichen Erkenntnisse der Biologie*«. Sie: »*Ideologischer Essay, im Ärzteblatt?*« – Du: »*Nun ja, wenn wir allein von Meriten sprechen, traue ich der Nobelpreisträgerin mehr.*«

Na, dann wollen wir uns doch mal anschauen, was Frau Prof. Nobelpreisträgerin Nüsslein-Volhard im international angesehenen akademischen Fachblatt für Humanmedizin und Entwicklungsbiologie *EMMA* so vor sich hin wissenschaftelt. In einem Interview, welches ausgerechnet Chantal Louis führt, die mit Alice Schwarzer schon die »Streitschrift« »Transsexualität. Was ist eine Frau? Was ist ein Mann?« herausgegeben hat. Man darf also höchste wissenschaftliche Objektivität erwarten. Eingangsfrage: »*Der Queer-Beauftragte der Bundesregierung, Sven Lehmann, behauptet: Der Ansicht zu sein, dass es zwei Geschlechter gebe, sei unwissenschaftlich. Es gebe viele Geschlechter.*« – Antwort Nüsslein-Volhard: »*Das ist unwissenschaftlich! Da hat Herr Lehmann vielleicht den Grundkurs in Biologie verpasst.*«

Und damit ist der, nun ja, »akademische Grundton« im Interview gesetzt. Das Dumme an diesem Intervieweinstieg ist, dass Sven Lehmann das in dieser Form nie behauptet hat, sondern lediglich darauf hingewiesen hat, dass Intergeschlechtlichkeit und Transgeschlechtlichkeit existieren.

Frau Nüsslein-Volhard zur Urteilsbegründung des Bundesverfassungsgerichts zur Transgeschlechtlichkeit: »*Das ist Unfug.*« Und so geht es weiter, jede zweite Antwort beginnt so: »*Das ist Quatsch.*« »*Das ist Wahnsinn.*« »*Das sieht man, dass die Leute keine Ahnung von Biologie haben.*« Auf dem Level. Das also, Jens, sind die »Meriten einer Nobelpreisträgerin«? Eine vor sich hin pöbelnde, alte Frau. Um es mal so zu sagen und entgegen aller Geschlechtszuschreibungen: Frau Louis und Frau Nüsslein-Volhard beweisen, dass es Frauen sehr wohl möglich ist, sich gegenseitig einen abzuwichsen, dass es nur so spritzt – und das in aller Öffentlichkeit.

Gewiss: Christiane Nüsslein-Volhard ist eine hochdekorierte und ehrenwerte Wissenschaftlerin. Sie hat 1995 den Nobelpreis bekommen. Für Forschungsarbeiten, die zu dem Zeitpunkt schon viele Jahre zurücklagen. Sie ist Biochemikerin.

Ausgezeichnet wurde sie für bahnbrechende Erkenntnisse zur Embryonalentwicklung. Bei Fruchtfliegen. In dem *EMMA*-Interview bewegt sie sich weit weg von ihrer eigentlichen Fachrichtung, und man muss auch fragen, wie viel Forschung der letzten Jahrzehnte einfach an ihr vorbeigegangen ist. Wer anderer Meinung ist, den kanzelt sie ab, der oder die betreibe nicht *»wirklich Wissenschaft«*.

Nein, Jens, ich sehe hier keine Meriten. Ich sehe da eine knapp 80-jährige Frau, die ihre Meinung zur Expertise hochpimpt. Diese Meinung sei ihr gegönnt, aber sie wird nicht wertvoller dadurch, dass »Nobelpreisträgerin« darübersteht.

Das Problem ist: Fruchtfliegen interessiert herzlich wenig, was Frau Nüsslein-Volhard über sie denkt. Ich habe sie gefragt, in meiner Küche fände die Frau Nobelpreisträgerin gerade ein ganzes Forschungsgebiet, es ist ihnen egal. Trans Menschen interessiert hingegen sehr wohl, was Frau Nüsslein-Volhard über sie denkt. Deshalb fragte ich dich, Jens, ob du trans Menschen kennst. Denn wenn man welche kennt, weiß man auch, dass mit dem Leben in der falschen Geschlechtsidentität Leid verbunden ist. Ich glaube nicht, dass Frau Nüsslein-Volhard das verstanden hat. Sie sagt: *»Der Gesetzgeber kann gar keine Geschlechtsumwandlung ermöglichen. Er sagt nur: Diese Frau darf ab jetzt behaupten, sie sei ein Mann. Und umgekehrt. Die biologischen Grundlagen sind absolut nicht zu ändern.«* Sie sagt: *»Mit 14 sind ganz viele Mädchen in der Pubertät unglücklich. Ich kenne das ja selbst. Ich war mit 14 auch unglücklich und wollte lieber ein Junge sein. Ich durfte damals noch nicht mal Hosen anziehen oder mir die Haare abschneiden. Ich habe mich oft verflucht und dachte: Ich wäre lieber ein Mann! Denn wenn man so einen Beruf machen will, in dem Männer dominieren, dann ist man natürlich besser dran, wenn man auch einer ist.«*

Jens, du sagt, du kennst trans Personen, aber es tue nichts zur Sache für die Wahrheit. Dann frag sie doch mal, ob sie trans geworden ist, um bessere Karrierechancen zu haben. Aber wundere dich nicht, wenn Gelächter oder Ohrfeigen schallend ausfallen.

Ich finde, man kann darüber diskutieren, ob 14 das richtige Alter ist, um sein Geschlecht selbst zu wählen, wie manche Aktivist*innen fordern. Es gibt Argumente dafür, dass eine Geschlechtsangleichung, so sie früh begonnen wird, für die Betroffenen wesentlich einfacher, schmerzloser und belastungsfreier ist, als wenn sie erst im Erwachsenenalter durchgeführt wird. Andererseits kennen wir alle unsere Biografien, und ich für meinen Teil kann sagen: Ich wäre mit 14 nicht ansatzweise in der Lage gewesen, solch eine Entscheidung zu treffen. Ich hab ja überhaupt erst mit 23 verstanden, dass ich schwul bin. Mit 14 war ich gerade fundamentalchristlich missioniert worden und wollte Pfarrer werden. Das 14-jährige Gehirn ist durchaus offen für Beeinflussung.

Neulich hast du einen Buchtipp geteilt, Jens. Eine amerikanische Psychologin warnte davor, gerade sehr junge, in ihrer Geschlechtsidentität unsichere Jugendliche könnten durch den Einfluss von Social-Media-Blasen und Peer Groups vielleicht voreilig in eine trans Identität gedrängt werden. Ohne zu wissen, wie seriös die Quelle ist, würde ich nicht sofort in das in der Szene leider sehr reflexhaft bis inflationär gebrauchte Urteil »trans feindlich« einstimmen, denn ich kann mir durchaus vorstellen, dass es einen solchen Effekt gibt. Ich glaube, auf die Weise bin ich damals Christ geworden: immer und immer wieder gegenseitige Bestätigung innerhalb einer geschlossenen Bubble. Mein Glaube war kurz und nicht sehr nachhaltig.

Ich finde, über solche Gefahren kann man diskutieren, aber das sollten Fachleute tun mit dem Ziel, Jugendliche auf ihrem Weg so zu begleiten, dass sie wirklich ihren eigenen Weg finden und nicht den Projektionen Außenstehender folgen. Gleichwohl machte mich eine Formulierung in dem Beitrag der Psychologin stutzig; dass womöglich maskulin auftretende Mädchen zu schnell Richtung trans beeinflusst werden könnten, wo sie doch vielleicht auch als »Butch« (das bezeichnet in der Szene sehr »maskulin« auftretende Lesben) glücklich werden könnten. Das kann so sein. Es kann aber auch sein, dass da eine lesbische Subszene gerade Sorge hat, potenzieller Nachwuchs könnte gleich weiter »rübermachen« in die Männlichkeit.

Aber dann erlebe ich ein Kind im erweiterten Bekanntenkreis. Ich sehe es etwa einmal im Jahr, und ich kenne kein Mädchen, das mehr Junge ist als sie. Sie ist mittlerweile sechs oder sieben. Schon im Alter von drei oder vier Jahren saß sie mit anderen Kindern im Pool und wurde von ihnen darauf angesprochen, dass sie ja so aussehe wie ein Junge, und sie antwortete: »Na und? Dann bin ich halt ein Junge.« Ich weiß nicht, welchen Weg dieses Kind gehen wird. Die Mutter berichtet, es hätte schon mal gesagt, es wär gern ein Junge. Vielleicht wird sich das ändern. Vielleicht wird es später, in ein paar Jahren, dabeibleiben, ein Mädchen in dem zu sein, was viele »Jungsoutfit« nennen würden. Vielleicht wird sie lesbisch. Vielleicht legt sie auch all dies wieder ab und entdeckt in ihrer Pubertät ihre feminine Seite. Niemand weiß das. Aber es kann durchaus sein, dass sie dabeibleibt und mit 14 sagt: »Mama, Papa, ich bin trans. Helft ihr mir?« Und dann käme es mir schon seltsam vor, dieser Jugendlichen den Wunsch abzuschlagen – den Wunsch nach einer Geschlechtsidentität, in der sie lebt, seit sie keine Windeln mehr trägt.

Ich habe da keine Antwort, Jens. Außer, dass es sich immer lohnt, das Individuum zu betrachten. Vielleicht ist das *meine* Wahrheit.

Natürlich, auch ich habe das Gefühl, dass es gerade sehr angesagt ist, trans zu sein, oder sich zumindest sich non-binary zu verorten. So angesagt, dass es mich, zugegeben, oft auch nervt, weil man das Gefühl hat, die Szenemagazine und -Websites haben keine anderen Themen mehr. Dann aber fällt mir ein, dass es auch die anderen Jahre gab. Die, in denen »schwul« das geile, hippe Ding war und für uns Schwule unsagbar viel erreicht wurde. In diesen Jahren bin ich groß geworden. Ich musste keine großen Kämpfe mehr fechten, ich kam in den Jahren dazu, als die Schwulen zu ernten begannen. Vielleicht ist jetzt trans einfach mal dran.

Aber auch in meiner schwulen Adoleszenz gab es die gesellschaftliche Debatte, dass Schwulsein gerade total die Modeerscheinung unter Jugendlichen sei. Ein Outing war cool, zumindest wenn man in der Großstadt in eine linke Oberstufe ging, auf 'ner Realschule aufm Land gab's natürlich immer noch aufs Maul. Trotzdem kenne ich keine Statistik, dass seit den Neunzigerjahren mehr Männer schwul geworden seien als der seit jeher bekannte Satz von fünf bis zehn Prozent. Ich wüsste nicht, wieso es bei trans in Zukunft anders sein sollte, Jens. Der Weg zur trans Identität wird immer, auch nach allen gesetzlichen Reformen, die gerade diskutiert werden, ein langer sein, und nur die, die sich wirklich sicher sind, werden ihn zu Ende gehen. So viel traue ich dem Menschen zu.

Ach so: Die Wahrheit, die Frau Nüsslein-Volhard wirklich als Biologin sagt, ist die Folgende: Es gibt Menschen mit verschiedenen Chromosomensätzen: XX und XY. Das sind die zwei Geschlechter. Und auch Intergeschlechtlichkeit arbeitet mit X und Y, da kommt nicht plötzlich ein Z um die Ecke. Und keine Geschlechtsangleichung wird an diesen Chromosomensätzen jemals etwas ändern können. »Es gibt Menschen, die wollen ihr Geschlecht ändern, aber das können sie gar nicht. Sie bleiben weiterhin XY oder XX.« Oder noch mal etwas anders, und deutlich biologistischer ausgedrückt: »Natürlich kann man durch Hormongaben erreichen, dass zum Beispiel ein Mädchen, das Testosteron nimmt, eine tiefe Stimme und Bartwuchs bekommt. Aber davon wachsen dem Mädchen keine Hoden und es wird keine

Spermien produzieren. Und biologische Männer produzieren auch durch Hormongaben keine Eier und können keine Kinder gebären.« – Nur zur Erinnerung: So argumentiert die feministische Nobelpreisträgerin im feministischen Magazin: Männer machen Spermien, Frauen gebären.

Nun ist es so: Niemand hat jemals behauptet, dass man durch eine Transition an diesen genetischen Grundlagen etwas ändern könnte. Hier ist sie, Jens, die »Wahrheit«, die so sicher ist wie der Klimawandel: X und Y.

Im Hintergrund lauert natürlich mal wieder das deutsche Wort »Geschlecht«, denn das ist, haha, leider ein Zwitter. Es kann zweierlei bedeuten: Das bei der Geburt zugewiesene Geschlecht, oft auch »biologisches Geschlecht« genannt (im Englischen »sex«), und das soziale Geschlecht (»gender«). Und ich kenne keinen Debattenbeitrag, in dem diese Begriffe nicht irgendwann doch munter gemischt würden. Zu allem Überfluss gibt es neuere Forschungen der Humanbiologie, dass die Bedeutung von X und Y in der menschlichen Geschlechtsentwicklung gar nicht alleinausschlaggebend sind, sondern Hormone und weitere Einflussfaktoren ebenfalls eine Rolle spielen in einem komplexen Prozess. All das sind biologische Prozesse und Erkenntnisse.

Frau Nüsslein-Volhard streitet Vieles davon nicht mal ab, dass unterschiedliche Hormonlevel ein *»Riesenspektrum«* in der Ausprägung der Geschlechtlichkeit hervorbringen, was gerade *»das Spannende«* sei. Sie wirft der Bundesärztekammer die mangelnde *»Unterscheidung zwischen Sex und Gender«* vor und stellt fest: *»Natürlich gibt es beim Gender, dem sozialen Geschlecht, eine Bandbreite, während es beim biologischen Geschlecht nur weiblich oder männlich gibt.«* Sie sagt: *»Natürlich kann sich ein Mädchen wünschen, dass man es mit einem Jungennamen ruft.«* und tritt sogar gegen die Diskriminierung von Transsexuellen ein. Aber, großer Gott, große Göttin, oder groß Gottx, wieso hämmert die Frau so auf den vermaledeiten Chromosomenpaaren rum, all seien sie der Heilige Gral der Biologie?

Jens, auch du betonst, dass erwachsene Menschen das Recht hätten, geschlechtsangleichene Maßnahmen vornehmen. Aber die Biologie könnten sie nicht ändern. Aber kann man »die Biologie«, auf Chromosomensätze reduzieren? Es gibt Menschen in der Wissenschaft, die das bezweifeln, aber die betreiben laut Frau Nüsslein-Volhard nicht *wirklich Wissenschaft*.

Und ist das eigentlich das Ziel von trans Menschen? Die meisten wollen lediglich in der geschlechtlichen Identität landen, in der sie sich zu Hause fühlen. Und ich möchte niemandem absprechen, sich zu Hause fühlen zu wollen. Und niemand will dann von einer Nobelpreisträgerin hören: »Nee, nee, du bist hier gar nicht zu Hause, du wohnst in diesem Geschlecht bestenfalls zur Untermiete.« Deshalb fragte ich danach, Jens, ob du persönlich trans Menschen kennst. Denn gemäß deiner »Wahrheit« müsstest du ihnen sagen: »Du lebst nicht die Wahrheit, dein Wunsch, in einem anderen Geschlecht leben zu wollen, ist eine Lebenslüge.« – Immerhin, es klang nicht so, als hättest du das vor.

Die ganze Debatte fällt nicht zufällig in die Zeit, in der sogenannte TERF einen Abwehrkampf gegen trans Personen führen. – »Hilfe! Was zum Teufel sind TERF denn nun schon wieder? Ich hab doch gerade erst begriffen, was FLINTA sind!«, mag sich der ein oder die andere fragen, und ich weiß es auch erst seit Kurzem: TERF werden »Trans Exclusionary Radical Feminists« genannt: Feministinnen, die der Meinung sind, dass trans Frauen nicht dieselben Rechte zustehen wie biologischen Frauen. Und hoppla, da isse ja schon wieder: die Biologie. In Deutschland sind laustarke TERF u. a. Alice Schwarzer und Chantal Louis. In Großbritannien Joanne K. Rowling, just sayin'. Ich hab nicht viel Ahnung von dieser Debatte, aber was zu mir die Timeline schwappte, beruhte oft auf anekdotischer

Evidenz. Ein beliebtes Beispiel ist die Leibesvisitation einer Frau durch eine trans Frau an einem Flughafen. Seit ich davon das erste Mal las, frage ich mich: Woher wusste die eigentlich, dass das eine trans Frau war? Nach einer Transition sieht man ja den wenigsten Personen an, welche Buchstaben da in ihren Chromosomen rumwuseln. Spürt man so was als Biofrau? Hat sich die Beamtin vor der Leibesvisitation ausgezogen? Das wär in der Tat strafbar. Ist das die Forderung von Alice Schwarzer und Co.: Trans Personen müssen auf immer als solche erkennbar sein, vielleicht indem man ihnen ihr Chromosomenpaar auf die Stirn tätowiert? Oder geht es darum, trans Personen lieber ihren Personenstand im anderen Geschlecht zu verunmöglichen, weil man alles daran setzt, ein »biologisches Geschlecht« so zu definieren, dass trans Personen es gar nicht erfüllen können, zum Beispiel wegen Genetik? Könnte es gar sein, dass Frau Nüsslein-Volhard hier munter mitmischt oder zumindest vor einen Karren gespannt wird, der womöglich nicht mal mit ihrem eigenen Verständnis von Biologie entspricht? Ich hoffe, sie ist klug genug, ihre Rolle zu reflektieren, sie hat immerhin einen Nobelpreis.

Wollen die Genderaktivist*innen eigentlich wirklich die Biologie verändern? Oder ist das alles nur ein riesengroßer Scheinvorwurf? Dass es nämlich gar nicht um Wissenschaft geht, sondern nur um unser Reden darüber. Ich las in einem Kommentar, es gehe darum, »*wissenschaftliche Begriffe [...] vorm Kapern durch Dekonstruktivisten*« zu schützen« – wobei mit »wissenschaftlichem Begriff« hier nur »Mann« und »Frau« gemeint sein können. Ist das der Kern der ganzen Debatte? Und ist das »wahr«? Sind »Mann« und »Frau« biologische Fachbegriffe?

Das ist wiederum eine Frage, die ich als studierter Linguist sehr faszinierend finde. Dass Wörter ihre Bedeutungen verändern im Laufe der Zeit, ist ja nichts Neues. Das Wort »Frau«

bezeichnet ja erst seit der Neuzeit Frauen. Davor hießen weibliche Wesen »wîp«, deshalb sagt man auch heute noch »weiblich« für weiblich, und das Geschlecht »Frau« gab es nicht, das Mittelhochdeutsche »frouwe« bezeichnete adelige Frauen, also kein Geschlecht, sondern Frauen von Geschlecht. Es ist kompliziert.*

Könnte es also so sein, dass selbst Bezeichnungen wie »Mann« und »Frau« Begriffe sind, deren Bedeutungen weit über Chromosomenpaare hinausreichen und die von der Gesellschaft immer wieder neu ausgehandelt werden müssen? Und in diesem Prozess befinden wir uns gerade? Ist das jetzt Genderideologie oder nur eine linguistische Binsenweisheit?

Im Gegensatz zu dir, Jens, kenne ich bei vielen dieser Fragen noch keine »Wahrheit«. Ich weiß nicht mal, ob ich danach suche. Darf ich stattdessen noch eine persönliche Frage stellen: Wieso ist es für dich eigentlich so wichtig, dass irgendeine Instanz, am besten mit Nobelpreis, quasi höchstrichterlich festlegt, was Mann und was Frau ist? Bist du weniger männlich dadurch, dass ein mit weiblichem Chromosomensatz geborener Mensch laut Personalausweis dasselbe Geschlecht haben kann wie du? Dass er sich Frau nennen darf. Greift dich das an in deiner Männlichkeit? Und wenn ja, wieso? Oder geht es dir wie mir, dass die lebenspraktische Auswirkung dieser Fragen für uns Cis-Männer eigentlich gleich null ist. Es ändert an meinem Leben nichts, ob eine trans Person in ein anderes soziales Geschlecht wechselt oder das Geschlecht wechselt oder in das Geschlecht wechselt, das sie schon immer war. Vielleicht sollte in diesem Punkt jeder Mensch die Wahrheit leben, die er empfindet.

---

* Danke an Lukas Meister für diesen Hinweis, den er mir nach dem Vortrag dieses Textes bei den Brauseboys gab.

HER MAJESTY'S LAST SACKPFEIFER

Thilo Bock

Als der Sarg der Queen endgültig in die Gruft der Kapelle von Windsor Castle per Fahrstuhl oder vielleicht auch mittels magischer Telekinese und in wahnsinnig langsamer Geschwindigkeit herabgeglitten ist, wurde dies von wehmütigen Dudelsackklängen untermalt. Also, falls bei Dudelsackklängen das Attribut »wehmütig« wirklich angebracht ist.

Für mich hat das ja eher was enorm Jämmerliches bis Enervierendes. Ein Geräusch, nein, eigentlich sind es ja mehrere Geräusche, sodass ein Dudelsack zumeist gleichzeitig heulend, jaulend, keuchend, fiepend, kurz: total nervtötend klingt. Klar, da tönt immer noch so ein tiefes Brummen mit, das fast entschuldigend wirkt, irgendwie bedauernd, als wisse das Instrument selber, wie schrecklich es sich anhört, vor allem, wenn der Spieler kein Meister seines Faches ist. Diesen Spieler nennt man übrigens Sackpfeifer, wohl weil er darauf pfeift, wie sehr er seiner Umwelt auf den Sack geht.

In diesem Punkt ist das Instrument allerdings bei seinen Zuhörern. Denn praktischerweise erweckt ein Dudelsack bereits rein optisch den Eindruck, alles mitzubringen, was seine Opfer brauchen, um sich am hineinpustenden Dilettanten zu rächen. Aus dem oftmals karierten Blasesack ragen nämlich mehrere Rohre heraus, die man dem Sackpfeifer tief und fest in sein Blaseorgan rammen kann, bevor man ihm den jetzt schlaffen Beutel über die Rübe zieht, auf dass man sein Wimmern weniger laut hören muss.

In den letzten Jahren sind wiederholt einzelne Wahnsinnige mit Dudelsäcken in deutschen Fußgängerzonen aufgetaucht. Das waren offensichtlich sehr einsame Menschen – womöglich der wahre Grund für die Verödung der Innenstädte und die Zunahme des Onlinehandels. Das ist absolut geschäftsschädigend. Bestimmt hat Amazon dutzende Dudelsäcke an x-beliebige Menschen verschickt, die erst von ihren Familien verlassen wurden, bald darauf aus ihren Wohnungen flogen und schließlich den Einzelhandel ruiniert haben.

Fachkräftemangel herrscht nämlich auch bei der Musikausübung. Wie es anders geht, hat Major Paul Burns vom Royal Regiment of Scotland bei den royalen Trauerfeierlichkeiten gezeigt. Erst hat er in Westminster Abbey den bekannten Rausschmeißersong »Sleep, Deary, Sleep« gespielt und Stunden später eben das Stück, mit dem der Sarg in die Gruft fuhr. Dabei ist Major Burns würdevoll durch einen Gang hinausgeschritten. Und das nicht, weil er noch einen weiteren Gig abends im Pub hatte und dem Verkehrschaos bei der Abfahrt aller anderen Trauergäste zuvorkommen wollte.

Nein, das war durchaus ergreifend. Besser hätte ich nur gefunden, wenn ihm die beiden Corgis der Queen mit hängenden Ohren hinterhergetrottet wären. Und Major Burns war vermutlich mindestens genauso traurig wie die Hündchen. Allein weil »A Salute to the Royal Fendersmith« das letzte Stück für seine Chefin gewesen ist. Jetzt isse weg. Und ob König Karl der Dritte aka. King Charles the Third eine Anschlussverwendung für ihn haben wird, darf bezweifelt werden – bei diesen Ohren! Mit denen muss ein Dudelsack ja noch schlimmer klingen als für einen Normalsterblichen.

Bis zu jenem Montagnachmittag bekleidete Major Paul Burns ein äußerst vornehmes Amt, nämlich das des persönlichen Sackpfeifers Ihrer Majestät. Damit war er der siebzehnte seiner Art. Den ersten Royal Chief Piper hatte Queen

Victoria 1843 eingeführt. Vielleicht ist das mit dem Dudelsack auch so'n Frauending. Wie bei einer Hundepfeife. Die hören und spüren da Töne und Schwingungen, von denen wir Männer einfach keine Ahnung haben.

Fest steht: Jeden neuen Morgen hat Major Burns unter dem Schlafzimmerfenster der Königin gedudelsackt, egal in welchem ihrer Schlösser sie die Nacht verbracht hat. Und das ganze fünfzehn Minuten am Stück. Der perfekte Wecker! Und zwar fürs gesamte royale Gefolge.

In alten Büchern heißt es ja immer, dass bei höfischen Festmahlen alle am Tisch ihre Löffel fallenlassen mussten, sobald der König oder die Königin aufgegessen hatte. Und am britischen Hof ist eben spätestens dann das ganze Schloss wach, wenn Ihrer Majestät Dudelwecker sackpfeift. Und bei dem gibt es keine Snoozefunktion.

Was war jedoch, wenn die Queen mal nicht in einer ihrer Residenzen residiert hat? Major Paul Burns vom Royal Regiment of Scotland hatte diesen Job erst seit einem Jahr inne, da war sie nicht mehr so oft im Ausland. Was aber ging davor? Allein in ihrem Herrschaftsgebiet, dem Commonwealth: Wartete in Indien ein Schlangenbeschwörer mit seiner Pungi? Eine Pungi ist eine Art Flöte mit integriertem Beutel, der die gleiche Funktion hat wie ein Dudelsack: die Töne so lange zu dehnen, bis die genervte Schlange aus dem Korb kommt. Und hielt sich in Australien stets ein persönlicher Didgeridoo-Spieler der Queen bereit? Und was war in West-Berlin? Stand da stets der königliche Leierkastenmann parat? Oder war stets einfach nur der Sackpfeifer im Gefolge?

Während ihrer letzten beiden Berlinbesuche beispielsweise kam die Queen in der Präsidentensuite des *Adlon* unter, die Nacht für 15.000 Euro. Ich nehme an, in einem der benachbarten Zimmer, zum Beispiel der Royal Suite – unter 10.000 Euro kommste auch da nicht am Portier vorbei. Und dann leistest du dir das einmal im Leben – und um 7:30 Uhr fällste mit vom Schampus noch schweren Kopf aus dem Himmelbett, weil nebenan Her Majesty's Sixteenth Chief Piper ausgiebig sackpfeift. Fünfzehn Minuten lang. Falls bis dahin niemand die Polizei gerufen hat. *Ick gloob, meen Schwein pfeift.*

Vielleicht ist das das Geheimnis mächtiger Menschen oder war zumindest Her Majesty's Secret: sich nicht von anderen nerven zu lassen, sondern lieber anderen auf den Sack zu gehen und gleichzeitig darauf zu pfeifen. Am besten wäre also, ich legte mir auch so jemanden zu wie Major Paul Burns vom Royal Regiment of Scotland. Nur Dudelsack, nee, das muss wirklich nicht sein.

Dann doch lieber jemanden, der hinter mir herläuft mit einem Laubbläser. Das mag zwar nicht im Geringsten so glamourös sein wie ein persönlicher Sackpfeifer, aber die Idee, dass jeder Schritt von mir von aufwirbelnder Luft begleitet wird, gefällt mir ziemlich gut. Ich glaube, da könnte ich mich sogar an das Geräusch gewohnen. Im Grunde ist das auch nicht viel anders als beim Dudelsack. Man muss lediglich Gefallen am Ergebnis haben.

DIE EINSCHLÄGE KOMMEN IMMER NÄHER

Heiko Werning

»Ach, Junge«, sagt meine 92-jährige Mutter in Münster, »die Einschläge kommen immer näher.« Ich seufze. Den Satz wiederholt sie gebetsmühlenartig, wann immer jemand in ihrem weiteren Bekannten- oder Verwandtenkreis das Zeitliche gesegnet hat. In ihrem fortgeschrittenen Alter hat es da naturgemäß inzwischen eine ganze Menge solcher Einschläge gegeben, das kann einem vielleicht schon wie ein Dauerbeschuss vorkommen. Mit allerdings verheerender Treffergenauigkeit, denn sie selbst erfreut sich nach wie vor altersgemäß angemessen akzeptabler Gesundheit, weshalb mir ihr seit etwa zwei Jahrzehnten andauerndes Wehklagen über ihr kurz bevorstehendes Ableben mitunter etwas an den Nerven zerrt. »Wer ist es denn diesmal?«, frage ich dennoch schicksalsergeben. »Na, erst im Sommer Tante Ilse, dann neulich Heti von gegenüber, und jetzt auch noch die Queen.« Ich schaue überrascht auf: »Du kanntest die Queen?« »Natürlich kannte ich die Queen. Du etwa nicht, Junge? Du musst dich auch mal ein bisschen für was anderes interessieren als immer nur für deine Lurche.« »Mutter, ich weiß, wer die Queen war. Aber was hat das mit dir zu tun? Es sterben jeden Tag Menschen auf der Welt.« »Das weiß ich doch, Junge«, seufzt meine Mutter, »wobei: Da fällt mir ein, dass ich heute noch gar nicht die Todesanzeigen in der Zeitung gelesen habe.« »Nein!«, zeige ich mich entsetzt. »Ich baue halt immer mehr ab. Ich merke ja selbst, dass ich immer vergesslicher werde.« Ich wusste es.

Das Gespräch wird sofort wieder anstrengend. Auch wenn es sinnlos ist, widerspreche ich: »Nur, weil du heute noch nicht die Todesanzeigen gelesen hast, baust du doch nicht gleich ab! Ich würde ja sogar fast so weit gehen und sagen, dass es ein ganz gutes Zeichen ist, wenn du nicht morgens dauernd als erstes die Todesanzeigen liest.« »Du hast gut reden«, jetzt klingt sie schon beleidigt, »in deinem Alter will man von so was natürlich nichts wissen. Aber so ist nun mal der Lauf der Dinge. Dem muss man sich stellen!« »Indem man die Todes-anzeigen in den *Westfälischen Nachrichten* liest?« »Ja, zum Bei-spiel. Aber das habe ich heute morgen total vergessen! Ich ver-gesse sowieso immer mehr, merke ich ja selbst.« »Vorhin hast du mich noch daran erinnert, dass ich Onkel Bernd zum 90. Geburtstag gratulieren soll.« »Ja, sonst vergisst du das doch so-wieso.« »Stimmt. Aber du ganz offensichtlich nicht.« Sie guckt mich empört an: »So was vergisst man doch nicht, Junge!« Na also. »Dann kann es ja wohl so schlimm noch nicht sein mit deiner Vergesslichkeit«, trumpfe ich auf. »Hoffentlich kriege ich nicht auch Deemenz«, zeigt meine Mutter sich unbeein-druckt. »Mutter, du bist 92. Ich glaube nicht, dass du das jetzt noch kriegst, zumindest gibt es bis jetzt keinerlei Anzeichen dafür. Und außerdem heißt das nicht Deemenz, sondern De-menz, das habe ich dir schon hundertmal gesagt.« »Siehst du?«, sagt sie listig. »Habe ich wieder vergessen.« Verdammt, man darf sie nicht unterschätzen.

»Jedenfalls kommen die Einschläge immer näher«, kehrt meine Mutter zum Ausgangspunkt ihrer Betrachtungen zu-rück, »wo jetzt auch noch die Queen gestorben ist.« »Verstehe ich nicht. Wieso kommen dir die Einschläge näher, wenn die Queen stirbt?« Sie rollt mit den Augen, weil ich wieder so be-griffsstutzig bin. »Na, weil die 96 war!« »Ja, und?« »Wie, ja und. 96! Ich bin 92! Das ist ja wohl schon ganz schön nah dran.« Ich resigniere. Dieser Logik habe ich nichts entgegenzusetzen.

»Aber die Queen hat es richtig gemacht. So möchte ich das auch.« Ich erschrecke. »Die Queen ist zwölf Tage lang im Sarg über die ganzen britischen Inseln gekarrt worden. Sollen wir dich durch ganz Westfalen fahren, oder was?« »Nein, natürlich nicht.« »Und die Leute haben bei der Queen tagelang angestanden, nur um einmal kurz auf ihre Kiste zu gucken. Das willst du ja wohl auch nicht!« »Nein, natürlich nicht. Ihr hättet dafür ja sowieso keine Geduld.« »Du hast doch immer gesagt, du willst eine kleine Beisetzung im engsten Kreis. In einem Ruheforst unter einem Baum.« »Ja, da könnt ihr wenigstens nichts falsch machen. So eine richtige Trauerfeier, da kann man so viel falsch machen.« »Du traust uns nicht zu, eine richtige Trauerfeier zu organisieren?« »Ach, Junge. In meinem Alter macht man sich keine Illusionen mehr. Ist halt alles nicht mehr so wie früher. Die jungen Leute haben doch gar keinen Sinn mehr für so was. So wie der Charles.« »Prinz Charles gehört für dich zu den jungen Leuten?« »Der hat jedenfalls auch sofort gepatzt. Als er die Trauerkarten unterschreiben sollte, hat er mit dem Füller gekleckert. Hast du auch immer gemacht früher. Dann doch lieber verbrennen und im Ruhewald unter einem Baum, da könnt ihr eigentlich nichts falsch machen.« »Na, du traust uns ja wirklich richtig was zu.« »Ach, so ist das nun mal. Ich glaube auch nicht, dass der Charles das richtig hinkriegt mit dem Königsein. Die jungen Leute haben halt immer anderes im Kopf. Du wolltest ja auch nicht das Geschäft deines Vaters übernehmen, sondern lieber diese Sachen da machen, also, das, was du da halt so machst in Berlin.« Das Gespräch droht allmählich, in eine gefährliche Richtung zu entgleiten. Dann doch lieber wieder zurück zu Beerdigungen: »Also, in England hat der königliche Imker die Bienen auf dem Gelände des Buckingham Palace offiziell über den Tod der Queen informiert. Er ist zu ihnen hingegangen, hat an die Bienenstöcke geklopft, und dann hat er gesagt: Die Herrin ist tot. Willst du so was auch? An deinem Vogelhäuschen auf der Terrasse vielleicht? Soll ich die Blaumeisen informieren?« »Jetzt werd mal nicht albern, Junge«, zeigt sie sich unwirsch. »Außerdem hat der Imker der Queen genau genommen gesagt: Die Herrin ist tot, aber geht nicht fort. Euer neuer Herr wird euch ein guter Herr sein. Und wirst du den Vögeln im Garten garantiert kein neuer guter Herr sein, du bist ja immer in Berlin, weil du meinst, du müsstest da diese Geschichten vorlesen.« »Gut«, knurre ich, »dann werde ich die Blaumeisen eben nicht informieren. Aber woher weißt du denn so genau, was dieser Imker den Bienen erzählt hat?«, frage ich nun doch etwas verblüfft nach. Meine Mutter rollt wieder mit den Augen: »Na, das haben sie im Fernsehen gesagt. Du musst mal aufmerksamer die Nachrichten verfolgen, Junge. Du bist jetzt alt genug, dass du dich der Welt da draußen stellen musst. Liest du eigentlich immer noch diese Geschichten vor?« Ich atme tief durch und greife zum Äußersten, um das Gespräch umzulenken: »So schlimm kann es mit deiner Demenz ja wohl wirklich nicht sein, wenn du dir noch genau merken kannst, was dieser komische Imker gesagt hat.« Es funktioniert: »Und dann hat der königliche Imker noch schwarze Schleifen um die Bienenstöcke gebunden. Das ist doch schön!« »Willst du das?«, frage ich. »Soll ich schwarze Schleifen um das Vogelhäuschen binden, wenn ein Einschlag dich dann doch mal endlich erwischt?« »Das ist doch Quatsch«, kontert meine Mutter kühl. »Du kriegst ja nicht mal ordentliche Schleifen um die Weihnachtsgeschenke hin. Aber hast du mitgekriegt, dass bei der Beerdigung der Queen auch ihre Hunde und ihr Lieblingspferd dabei waren? Das fand ich schön.« »Du hast doch gar kein Pferd.« »Aber Frau Steiner nebenan hat einen Hund. Der ist ganz lieb. Der kann ruhig mitkommen zur Beisetzung in den Ruhewald.« »Gut«, fasse ich die Ergebnisse der Unterredung zusammen. »Also ein Begräbnis im engsten Kreis. Und

mit dem Hund von Frau Steiner.« »Ja, das wäre schön«, sagt
meine Mutter, »und hoffentlich geht das bei mir so wie bei
der Queen. Ganz ohne Deemenz.« »Das heißt Demenz, Mutter!« »Siehst du, ich werde halt auch immer vergesslicher!«
Ich gebe auf. »Ja, Mutter«, sage ich, »die Einschläge kommen
wirklich immer näher.« Sie nickt zufrieden. Endlich habe ich
ein Einsehen.

SIEBTE WELLE

OKTOBER — NOVEMBER 2022

NUR UNTER PROTEST

Thilo Bock

Ich fliege voll auf dich wie blind,
trotz resistentem Gegenwind,
dem du Windkraft entgegenbläst
und völlig frei dann weiter drehst.

Du sagst, von aller Energie
sei dir am deutlich liebsten die,
die unsichtbar und total prompt
aus deiner Steckdose schon kommt.

Still stehen die Windkraftrotoren,
du hörst da was in deinen Ohren,
du sagst, das sei der Infraschall,
und ist doch nur dein innrer Knall.

Legst tote Vögel im Umkreis
eines Windrads aus als Beweis,
dass dies die Tiere rüde weghaut,
und ich wart derweil auf den Blackout.

Dann klebe ich mich lieber an dir fest.
Ich klebe mich an dich, gleich beide Hände.
Ich kleb an dir, bis du das unterlässt.
Wir kleben aneinander bis zum Ende.
Natürlich nur unter Protest,
natürlich nur unter Protest.

Ich friere schon das ganze Jahr,
egal wie warm es draußen war.
Du sagst, du seist die Kaltzeit leid
und für 'ne Heißzeit voll bereit.

Das Klima würde sich nicht wandeln
und Windräder die Welt verschandeln,
Atomkraft, Kohle, Russlands Gas
gäb's schließlich doch im Übermaß.

Wenn du mich anstrahlst wird mir flau,
du weißt zwar nichts, doch das genau.
Du hättst das aus dem Internet,
wo das zigtausend Klicks schon hätt.

Dahinter ständ ein Institut,
das seriös sei, absolut,
und nicht wie Universitäten
abhängig wär von Staatsmoneten.

Drum klebe ich mich eben an dir fest.
Ich klebe mich an dich, gleich beide Hände.
Ich kleb an dir, bis du das unterlässt.
Wir kleben aneinander bis zum Ende.
Natürlich nur unter Protest,
natürlich nur unter Protest.

Als Handwerkender für den Frieden
hast du dich zum Protest entschieden.
Dir ist egal, wen man dort trifft,
Hauptsache nicht linksgrünversifft.

Und wo wir halt zusammenkleben,
sprichst du schon vom Zusammenleben.
Du nähmst mich gerne mit nach Bayern,
die sich sehr gern fürs Freisein feiern.

Selbst Strom erzeugen die autark,
ganz ohne jeden Windkraftpark.
Solarkraft aber wäre drin,
die Sonne ist 'ne Bayerin.

Nur ärgert eines kolossal,
das ist fatal, denn nicht einmal
in Bayern – wer hätt das gedacht? –,
erstrahlt die Sonne in der Nacht.

Dann klebe ich mich lieber an dir fest.
Ich klebe mich an dich, gleich beide Hände.
Ich kleb an dir, bis du das unterlässt.
Wir kleben aneinander bis zum Ende.
Natürlich nur unter Protest,
natürlich nur unter Protest.

KOMMT NUN DER WASCHZWANG?

Volker Surmann

»Was *ist* das?«, Jonas schaut ratlos auf das blaue Stück Frottee-stoff in seiner Hand.

»Das«, erklärt Sybille Stechlin mit ruhiger Stimme, »ist ein Waschlappen.«

»Und wie soll ich mich damit *duschen*?« Jonas ist fassungs-los. Der 19-Jährige ist einer von etwa zwanzig Teilnehmenden am Basisseminar »Waschen für Anfänger*innen«. Sie alle drängeln sich mit mehr oder minder freiem Oberkörper im Waschraum einer Berliner Gesamtschule. Es riecht wie in einer Umkleide nach dem Sportunterricht, was daran liegen kann, dass die gleich nebenan liegt.

An der Stirnseite des Raums steht ein modernes Role-up mit einer schematischen, genderneutralen Körperdarstellung eines unbekleideten Menschen. »Die roten Kreise da«, erklärt uns die Kursleiterin und deutet auf das Brustbein der Figur, »mar-kieren die potenziellen Ziele für ein effizientes *Soap Targeting*.«

Die Aquakulturanthropologin Stechlin ist pädagogische Lei-terin dieses Pilotprojekts des Bundesministeriums für Wirt-schaft und Klimaschutz. Aufgelegt wurde es, nachdem die im Sommer u. a. vom baden-württembergischen Ministerpräsi-denten Winfried Kretschmann angestoßene Debatte um den vermehrten Einsatz von Waschlappen anstelle ausgiebigen, täglichen Duschens bislang zu keinem merklichen Minder-verbrauch an Warmwasser geführt hat. Nun naht der Winter, es drohen Blackouts, die Lage ist ernst. Die Regierung reagiert.

»Es ist wie bei der Coronaimpfung. Appelle allein helfen nicht«, seufzt Robert Habeck, der als Minister oberster Dienstherr des bundeseigenen Waschbataillons ist: »Man muss die Menschen aufklären, sie an die Hand nehmen und mit ans Waschbecken.«

Deshalb fangen die Seminare auch bei den Grundlagen an, führt die Projektleiterin aus: »Was ist Wasser? Wie funktioniert Seife? Wie bringe ich beides zusammen?«

Die tägliche Dusche habe den Waschlappen während des letzten Jahrhunderts völlig verdrängt. »Das Waschen per Hand ist eine Kulturtechnik, die hierzulande fast in Vergessenheit geraten ist. Nur noch alte Sä..., äh, Männer wie Kretschmann kennen sie. Viele Deutsche haben ihr Auto häufiger gewaschen als sich selbst«, schmunzelt Sybille Stechlin. »Das ist wie mit anderen Techniken. Man weiß noch, dass es sie gibt, hat aber keine genaue Vorstellung mehr davon. Man könnte sagen: Der Waschlappen ist das Fax der Körperpflege.«

Tatsächlich steht Jonas mit seinem Waschlappen, verziert mit einem eingestickten Bundesadler, ähnlich ratlos in der Hand, als habe er gerade den Auftrag erhalten, diesen Lappen ans Wirtschaftsministerium zu faxen. Zögerlich hält er die Frottierware unter den Wasserhahn. »Gut machst du das, Jonas«, lobt ihn Sybille Stechlin. »Und dann noch Seife drauf und rein damit in die Achselhöhle und bewegen, als würdest du eine Katze streicheln oder deine Freundin. Aber mach den Wasserhahn dabei aus!«

Anfangs habe man noch mit Rollenspielen gearbeitet, verrät die Kursleiterin. »›Riechen Sie mal an der Achsel Ihres Nachbarn‹ und so.« Aber das hat die Probanden regelmäßig kollabieren lassen. Einige fielen ins Waschkoma. Daher nun das schematische Role-up mit den olfaktorischen Schwitzpunkten.

»Wir mussten uns ja auch erst mal ein Bild über die Unwissenheit der Bevölkerung machen.« Die sei größer als gedacht.

»Zum Kursmodul ›Intimpflege mit Hygieneschwämmen‹ kamen die Menschen tatsächlich mit Putzschwämmen und Ako-Pads an!«

Für Menschen, die aus persönlichen, gesundheitlichen oder religiösen Gründen die Benutzung von Waschlappen ablehnen, bietet man auch Aufbaukurse im energiesparenden Duschen an. Die Seminare dieser »Brauseakademie« sind wochenlang im Voraus ausgebucht.

»Oberste Regel: Niemals so heiß oder lange duschen, dass die Haut sich rötet!«, schärft Sybille Stechlin ihren Brauselehrlingen ein. »Ganz einfache Eselsbrücke: Rote Haut gefällt nur dem Russen!«

Zielgruppenorientierte Broschüren runden das Angebot der Bundeswäscherei ab. Sie tragen Titel wie »Männer*waschanleitung«, »Frauen*waschanleitung« oder »Mischwäsche«. Daneben entdecken wir aber auch ein hübsch illustriertes Kinderbuch: »Erforsche deine Achselhöhle!«

Die Ergebnisse der Waschseminare sind durchweg positiv, fassen Projektleiterin und Minister die Pilotphase zusammen. Selbst Jonas kommt uns frisch gewaschen entgegen, nur seine Haare sehen noch etwas fettig aus. Er wirkt glücklich. »Ich hatte nur gehört, hier geht's irgendwie um Klima. Da hab ich gedacht, man lernt hier, wie ich Gemüsesuppe auf Gemälde werfe. Aber so 'n Waschlappen ist viel cooler!«

Stolz tätschelt Robert Habeck dem 19-Jährigen den Kopf und wischt sich hinterher unauffällig die Hand an der Anzughose ab, während er die nächsten Schritte der Kampagne erläutert.

»Zur Zeitenwende gehört auch ein Waschwechsel«, erklärt Habeck. »Wir planen, die vielerorts stillliegende Infrastruktur der Impfzentren in öffentliche Waschhäuser umzuwidmen, in denen sich die Bevölkerung unter geschulter Fachanleitung energieeffizient waschen kann.«

»Aber keine Sorge«, fügt er hinzu, »wir setzen da auf die

Eigenverantwortung der Bürgerinnen und Bürger. Es wird keinen staatlichen Waschzwang geben!«

60 Millionen Waschlappen mit Bundesadler hat das von ihm geführte Ministerium bereits geordert. »In China, aber aus Biofrottee.« Droht damit nach Jens Spahns Maskendeal nicht schon das nächste Beschaffungsdebakel?

»Nein«, versichert Robert Habeck. »Eine nachhaltige Nachnutzung der Bundeslappen ist jederzeit möglich und intendiert. Etwa bei der Bundeswehr, in Flüchtlingsunterkünften oder fürs Aufwischen bei Lecks im Atomkraftwerk Isar 2.«

Derzeit befänden sich in allen größeren Städten staatliche Waschzentren im Aufbau. Dafür wird händeringend nach Personal gesucht. »Staatlich zertifizierte*r Frottist*in« nennt sich die Weiterbildung zur Lappenassistenz, die allen Fachkräften aus den Bereichen Hygiene, Aquaristik und Wasserbau offensteht. »Also im Grunde allen. Wer nicht gerade stinkt wie 'n Iltis, ist qualifiziert«, fasst Robert Habeck zusammen.

18:30 Uhr. Im Waschraum der Gesamtschule macht Sybille Stechlin Feierabend. Sechs Kurse hat sie heute gegeben, acht weitere beaufsichtigt. »Verraten Sie es bitte keinem«, raunt sie uns zu. »Aber nach so einem Arbeitstag brauche ich als erstes eine heiße Dusche.«

KRIEGSWINTER

Heiko Werning

Ich ertappe mich dabei, wie ich beim Zähneputzen den Wasserhahn nach dem Befeuchten der Zahnbürste sofort wieder zudrehe. Ich ärgere mich über mich selbst. Dabei ist natürlich überhaupt nichts dagegen zu sagen, das Wasser beim Zähneputzen nicht durchgehend laufen zu lassen. Vielmehr ist etwas dagegen zu sagen, dass ich das bislang eben nicht getan habe. Dabei hätte man ja auch vorher schon dran denken können, dass Ressourcensparen sinnvoll ist. Ich ärgere mich also zum einen darüber, dass ich mich von der allgemeinen Kriegswinter-Hysterie so weit beeinflussen lasse, dass ich entgegen meiner Gewohnheit das Wasser beim Zähneputzen abdrehe, und noch mehr ärgere ich mich darüber, dass mich alle vernünftigen Grunde vorher eben nicht dazu gebracht haben, das zu tun. Die menschliche Psyche ist insgesamt in einem unbefriedigenden Zustand.

Wobei ich zu meiner Entschuldigung anführen muss, dass ich in den 1990er-Jahren Technischen Umweltschutz studierte. Damals war der Umweltgedanke so ganz allmählich auch in breitere Bevölkerungsschichten durchgesickert, und Wassersparen galt plötzlich überall als Tugend. In Berlin war es das aber nicht, wie uns damals im Studium eingeschärft wurde – denn erstens sei Wasser im Großraum Berlin überhaupt nicht knapp und falle dank märkischer Sandfilterung in bester Qualität ausreichend an, und zweitens sei das Berliner Leitungsnetz auf geringere Wasserdurchflüsse gar nicht eingestellt, das zunehmende Versiegen privater Wasserströme durch Wasserspar-WCs führe zu immensen Problemen in den Klärwerken und bei der Wasseraufbereitung, man solle also nach dem Toilettengang lieber zweimal spülen. Oder so ähnlich.

Der Klimawandel, so heißt es immer, sei auch deswegen so gefährlich, weil seine Auswirkungen so schleichend daherkommen. Ich weiß ja nicht. Ich fühle mich durch das schnelle Umschalten von Berlin als Spreequell gewordener Metropole zur von wüstenliebenden Nosferatu-Spinnen überrannten Dürre-Hauptstadt irgendwie überfordert. Was man vor zwei Jahrzehnten noch für unmöglich gehalten hätte, ist plötzlich Alltag. Und ich habe es in der Zeit dazwischen noch nicht einmal geschafft, die Wohnung endlich mal richtig aufzuräumen.

Was ich vor zwei Jahrzehnten allerdings auch nicht für möglich gehalten hätte, sind Überlegungen wie die Folgenden:

Weil wir mit den *Brauseboys* in der *Kulturfabrik Moabit* auftreten, machen wir uns Sorgen, wie wir über den Winter kommen sollen. Denn die *Kufa* ist schwer zu beheizen. Eine ordentliche Zentralheizung gibt es nicht. Im letzten Winter haben wir ganze Bataillone von elektrischen Heizlüftern in Stellung gebracht, um die Temperaturen im erträglichen Bereich zu halten. Jetzt lernen wir gerade, dass erstens womöglich das ganze Stromnetz schmilzt, wenn im kommenden Winter alle ihre neu erworbenen Elektroheizer anstellen, um das Gas zu ersetzen, das uns der Russe nicht mehr verkaufen will bzw. das er oder wir oder die Reptilienmenschen ohnehin gerade in die Ostsee entweichen ließen, um damit irgendwas zu bezwecken. Und dass wir zweitens mit den Einnahmen, die die sehr wenigen Zuschauer, die sich überhaupt noch aus dem Haus trauen, uns derzeit noch bringen, nicht einmal die Stromkosten für das Licht hinterm Tresen bezahlen können. Was also tun, damit es in der *Kufa* nicht so kalt wird wie in

Sibirien – was womöglich Putin auf die Idee bringen könnte, die Provinz Moabit zu annektieren.

Es gingen Gerüchte von einem Ofen, der bereitstehe, und der könne mit Holz befeuert werden. Einzig: Woher Holz nehmen? In Brandenburg soll es ja viele Wälder geben, überlegte Frank Sorge, ob jemand von uns schon mal dort gewesen und das aus eigener Anschauung bestätigen könne? Ich erinnere mich, dass der Kollege Ahne von der *Reformbühne Heim & Welt* immer rausfährt, um Pilze zu sammeln. Wachsen Pilze im Wald? Kann man Pilze verheizen? Kann man es wagen, in einem Text von immerhin mittlerem intellektuellen Niveau einen Witz mit Heizpilzen zu bringen? Fragen über Fragen. Und über allem schwebt die größte von allen: Wie kommen wir an Brennholz? Volker Surmann kommt von einem Bauernhof im Teutoburger Wald. Es wächst sogar etwas Teutoburger Wald auf den Ländereien des Hofs seiner Familie. Sein Vater, so berichtete er, verrichte dort alljährlich diverse forstwirtschaftliche Arbeiten. Was genau der da mache, wisse er auch nicht, er sei ja schließlich Künstler geworden und nicht Holzfäller. Vielleicht, dachte ich, wird dieser Umstand in der näheren Zukunft für uns alle noch zum Problem. Ein Land voller Informatiker, Produktdesigner, Kommunikationsstrategen, Social-Media-Berater und Influencer, aber keiner weiß, wie man Holz hackt, einen Ofen betätigt oder im schlimmsten Fall eine Knarre in die Hand nimmt. Der einzige Mensch mit militärischen Kenntnissen, den ich kenne, ist Robert Rescue. Au weia. Ich fürchte, wenn der Russe kommt, bleibt uns nur die sofortige Kapitulation. Aber immerhin könnten wir dazu dann schöne Internet-Memes basteln.

Wie dem auch sei: Jedenfalls fällt am Hofe Surmann alljährlich eine größere Menge Holz an. Vielleicht könnte man damit also den Ofen im *Slaughterhouse* in Moabit befüllen? Nur: Wir kriegen wir das Zeug nach Berlin? Ein Holztransport im ICE?

Ich kann es nicht glauben, dass wir tatsächlich ernsthaft solche Fragen diskutieren.

Mein Sohn meint, man brauche zum Zähneputzen eigentlich gar kein Wasser. Man könne die Zahnpasta auch einfach auf die trockene Bürste geben, man habe ja schließlich genug Spucke im Mund. Und er schlucke sowieso alles runter, schließlich hat er ja die leckere Zahnpasta mit Himbeergeschmack. »Du schluckst die Zahnpasta nach dem Zähneputzen runter?«, frage ich ihn entgeistert. »Ja, gegen Putin! Vielleicht können wir dann im Winter wenigstens im Kinderzimmer heizen.«

Verdammt. Es könnte ein harter Winter werden. Nachdenklich blicke ich in unseren Innenhof, über den gerade wieder eine dieser feisten Ratten huscht. Womöglich, so grübele ich, sind die guten Zeiten für euch auch bald vorbei. Aber irgendwas muss schließlich auf die Dönerspieße. Auch im Kriegswinter 2022/23.

EINE NEUE WELT

Frank Sorge

Jahrelang steige ich am selben U-Bahnhof aus und plötzlich ist alles anders. Wir alle, die aus der Bahn treten, streben aus Gewohnheit zum Ausgang, aber der ist verschlossen. Sie werden doch nicht, sag bloß, sie haben doch nicht ... Es ist ein Wunder geschehen! Ja, es gab Pläne dazu, ja, es gab Bauarbeiten, aber es wirkte nicht so, als würde es noch in diesem Jahrhundert klappen.

Nach sehr vielen Jahren geht es mit der Baustelle offenbar voran und es ist ein neuer Ausgang geschaffen worden, ein zweiter, der noch nie vorher da war. Es gibt Aushänge, manche überfliegen sie, streben in eine völlig ungewohnte Richtung, wir folgen ungläubig, nicht wenige, alles verwirrte Nachbarn und Gewohnheitstiere. Neben mir läuft ein Mann in meinem Alter, seine Augen über der Maske sind weit aufgerissen. »Das ist so aufregend«, sagt er zu seinem Begleiter, ich drehe mich zu ihnen. »Ja, wirklich«, sage ich zu den beiden, »sehr aufregend, eine Sensation, mal sehen, wo wir rauskommen!« Er nickt heftig, lässt die Begeisterung nicht sinken. »So aufregend!«, sagt er noch einmal.

Wir betreten die frische, makellose Treppe am ehemals toten Ende des Bahnhofs, wo man nie hingelaufen ist, und stoßen oben an der Amsterdamer Straße ans Licht, eine neue Welt. Man muss nur lange genug durchhalten, dann ist sie plötzlich da.

Auch wenn es nur dreißig Meter sind zwischen den Ausgängen, wir alle nehmen heute einen völlig anderen Weg als sonst. Vielleicht wird es gar der neue Weg, jetzt wo er eröffnet worden ist, und liegt günstiger. Und während ich mich an den Bauzäunen entlangdrücke, im Strom der Gemeinschaft, da keimt eine Zuversicht in mir, und aus dem Senfkorn wird ein Baum. Es wird uns mit vielen Dingen genauso gehen, wenn wir nur durchhalten. Da wachen wir auf, wanken zur Kaffeemaschine und hören, der Krieg wäre zu Ende, und können es erst gar nicht glauben.

Von einem auf den anderen Tag wird alles anders sein, und vor allem anders sein können, ein neuer Pfad wird sich öffnen. Vielleicht auch nur dreißig Meter entfernt an derselben Straße, aber vielleicht sogar mit einem Aufzug, um die Mühsal der Beladenen und Fußlahmen zu mindern.

Aus der Mittagspause heraus werden wir satt aufs Handy schauen, und die Menschen im Iran werden gewonnen haben, gegen die Unmenschlichen. Das war nicht gestern, das ist nicht heute, es wird uns überraschen, wenn es so weit ist. Und eines Tages werden wir in den Supermarkt gehen, und alles ist umgeräumt, umgebaut und umgedacht für eine neue Zeit. Am Einlass steht eine Mitarbeiterin, die ausruft: »Ab heute, Leute, wird vernünftig eingekauft und vernünftig verkauft und vernünftig angeboten. Geht nich' mehr anders, wegen Klima und Ressourcen. Weniger ist jetzt mehr, und mehr Weniger ist dennoch ein Plus. Hier gibt es also jetzt weniger, aber gleichzeitig auch mehr, es wird nichts weggeworfen, die Reste kriegen die Schweine draußen. Vom alten Schrott haben wir nichts mehr, und der neue Schrott ist heißer Scheiß, nehmt mit, was ihr braucht, und nicht, was ihr wollt. Bestraft wird nur, wer was wegschmeißt.«

Von einem auf den anderen Tag kann auch das Geld einfach weg sein. Entweder stirbt es spontan, kann ja einfach mal passieren, oder wir legen es bewusst zum Altpapier. Wofür braucht man es noch, außer für Luxus und Ausbeutung? Und wofür braucht man Luxus und Ausbeutung überhaupt?

Ein Forscher oder eine Forscherin wird eines Tages aus ihrer Station kommen und es nicht fassen können, dass da oben am Berg wieder ein Stück Gletscher ist. Kann noch Jahrtausende dauern, aber nun ja, neu ist die Zeit dann auf jeden Fall, und es wird passieren. Bin ich mir jedenfalls sicher, wegen unserer U-Bahntreppe.

Genau wie es sicher ist, dass wir irgendwann aufwachen und alt sind, ist es sicher, dass die Welt draußen jung sein wird. Dass sie uns vergisst und Gras über die Sache wächst. Über den Chauvinismus, den Nationalismus, über Ausbeutung, Wahn und die Überhöhung des Einzelnen. Kein Staat ist einer, keine Familie ist einer, keine Gemeinschaft ist einer, einer ist keiner.

Es wird einen Tag geben, da kann wirklich keiner mehr unseren Egoismus nachvollziehen, wie sich keiner mehr den Alltag der Steinzeit vorstellen kann, man wird den Kopf schütteln und sagen: »Keine Ahnung, wie wir uns das vorstellen sollen.«

Es kann auch alles anders kommen, aber das Schöne ist doch, es wird anders kommen. Es wird anders werden. Wer will denn, dass alles so bleibt? Dass alles so bleibt, wie es jetzt ist? Kein Mensch, also höchstens einer, und da braucht man nicht anfangen zu zählen. Ich dachte immer, mit der Eins würde alles anfangen und daraus würde sich logisch alles weitere ergeben, aber es ist womöglich ein Trugschluss. Ohne die Zwei braucht man die Eins überhaupt für gar nichts, und das Zählen selbst macht auch noch keinen Sinn ohne die Drei. Die Mathematik einer neuen Zeit ist eine demokratische, eine gemeinsame, aus Summen und Mehrheiten, sonst ist sie nichts. Da musst du nur eins und eins zusammenzählen.

Ja, wir müssten etwas tun, so können wir nicht ewig weitermachen, da sollte sich mal was ändern, das sollten wir ganz lassen, wir sollten alte Fehler nicht wiederholen, man könnte das ganz anders angehen, es könnte gerechter zugehen, da müssten wir was abgeben, daran festzuhalten macht eigentlich gar keinen Sinn mehr, wir sollten das nicht weiter ignorieren, wir sollten uns gründlicher informieren, wir müssten einmal genauer überlegen, wir könnten Unsinniges abschaffen, das könnte man grundsätzlich mal überdenken, da müsste man mal tätig werden, davon sollten wir uns verabschieden, das wäre mal eine sinnvolle Entscheidung, da könnte man sich ein paar Scheiben von abschneiden, das hätte man voraussehen können, da müsste man sich dran beteiligen, das könnte man neu justieren, da hätte eine Chance bestanden.

Es wird viele Tage geben, da wird ein alter Ausgang ausgedient haben, und ein neuer wurde geschaffen. Wenn ich mich so umsehe, ist es für ziemlich viele Dinge vermutlich bald so weit. Wenn selbst ein neuer U-Bahnausgang diesen kleinen Funken Zuversicht und Begeisterung in uns Fahrgästen auslösen kann, können es größere und bessere auch.

WIR HABEN ZU LANGE ZU GUT GELEBT

Robert Rescue

Der Nachbar im Vorderhaus lässt nachts ein Licht in seiner 80er-Jahre-Einbauküche brennen. Womöglich mit einem Leuchtmittel, das seit anno dazumal nicht gewechselt wurde. Meine Güte, da wird ja der Stromzähler heiß. Den anonymen Zettel an seiner Tür hat er wohl ignoriert. Schade, so sehe ich mich halt gezwungen, diesem unsolidarischen Verhalten einen Riegel vorzuschieben. Ich rufe die App vom Stromnetz Berlin auf und gehe auf das Menü »Nachbarschaftshilfe«. Dort gebe ich den Namen, die Adresse und eine stichwortartige Beschreibung seines Fehlverhaltens ein. Morgen früh wird die Polizei bei ihm aufkreuzen und ihn belehren. Mal schauen, ob er sein Verhalten dann ändern wird.

Energiesparen lautet das Gebot der Stunde. Nicht so halbherzige Maßnahmen wie Energiesparlampen gegen LED-Lampen tauschen, Geräte nicht im Stand-by laufen lassen oder eine Stunde weniger Playstation zocken und sich von Netflix berieseln lassen. Die Zeit des hemmungslosen, unbedachten Energiekonsums ist vorbei. Jetzt ist wie nach dem Krieg oder besser gesagt, wie im Krieg. Gegen Putin nämlich. Kein russisches Gas und Öl mehr. Letzteres kann er sich in die Haare schmieren und ersteres rektal einführen, bis er platzt.

Die wichtigste Regelung für alle Bürger ist in diesen Tagen die Kurzfristenergieversorgungssicherungsmaßnahmenverordnung, ein Begriff, der bei Scrabble eine hohe Punktzahl garantiert. Das war es aber auch schon an Positivem, was sich dazu sagen lässt. Die Hausverwaltung hat beschlossen, eine Absenkung der Raumtemperatur vorzunehmen, wie sie in einem Schreiben mitgeteilt hat. Ich hätte nie gedacht, dass der Staat bzw. die Hausverwaltung befugt wird, mir eine Raumtemperatur vorzuschreiben. Das wollte bei uns im Haus auch keiner mitmachen, aber Frau Kasulke von der Hausverwaltung steht nun mal jeden Tag um 16 und um 2 Uhr vor der Tür und kontrolliert mit einem Messgerät.

Das haben dann alle eingesehen, dass volle Pulle heizen bei den jetzigen Energiepreisen nicht mehr drin ist. Die meisten sind den ganzen Tag damit beschäftigt, von Zimmer zu Zimmer zu tigern und im Minutentakt einen Euro in die, neben den Heizkörper stehenden Sparbüchsen zu schmeißen und zu beten, dass diese Rücklage reichen wird, um die Betriebskostenabrechnung 2022 abzufedern, die manche Bürger inzwischen fürchten wie die Apokalypse nach Johannes.

Apropos Beten. Aus Solidarität gehe ich inzwischen sonntags in die Kirche und gebe was in die Kollekte für die Gasverbraucher.

Der Pfarrer steht am Ausgang und gibt uns mit auf den Weg, dass wir durch die Spende die Wärme von Jesus Christus erhalten. Ich will das jetzt nicht kleinreden, aber die hilft mir, ehrlich gesagt, im Alltag wenig.

Ich habe in Sachen Energiesparen schon viel umgesetzt, schon vor dem Ukraine-Krieg. Die Lampen benutze ich kaum noch, und duschen tue ich nur einmal die Woche. Ich wohne im Wedding. Da fällt es nicht auf, wenn man riecht wie ein toter Biber in einer Biomülltonne, die seit Monaten nicht geleert worden ist. Aber mit dem Duschen verbrauche ich ohnehin nicht viel Strom. Mein warmes Wasser kommt aus einem Durchlauferhitzer, der falsch dimensioniert ist, da wird das Wasser nur lauwarm. Keiner kann nachvollziehen, dass das Schönste an einem Urlaub für mich immer ist, mal heiß zu duschen. Ich habe auch viele Kerzen drapiert. Kerzen mit Duftnoten, um sich das Leben etwas leichter zu machen. In jedem Zimmer ein anderes Odeur und jeden Tag wechsle ich durch. Meine Wohnung sieht inzwischen aus wie ein orthodoxes Felsenkloster.

Es hat sich noch mehr verändert. Geschäfte haben nur noch von 12 bis Mittag offen, der Online-Handel wurde eingestellt, um die Server runterzufahren, Eingangssysteme im Einzelhandel öffnen nur noch, wenn man sie lieb bittet; in den Märkten selbst bekommt man eine Stirnlampe, um sich in der Dunkelheit zu orientieren, und an der Kasse dauert der Bezahlvorgang länger, weil die Kassenkraft mit Block und Bleistift länger braucht als mit dem Scanner. Die Behörden haben ihre Online-Dienstleistungen ebenfalls wegen Servereinsparung eingestellt, aber da vieles im Bereich Online-Bürokratie ohnehin nicht funktioniert hat, fällt das kaum jemandem auf. In den Ämtern gibt es Briefkästen, wo man Formulare und andere Anliegen einwerfen kann, und auf einem Schild steht. »Nächste Leerung am«, und dann steht da nichts mehr oder »FRÜHJAHR«.

Der Lebensrhythmus der Bürger wird ohnehin nur noch durch die Abschalttage für Strom bestimmt. Mittwochs ist der Wedding dran, dazu Karlshorst, Wilmersdorf, Spandau und Köpenick, wenn ich nicht irre. Manche Leute laden dienstags noch den Laptop und eine ganze Batterie an Powerbanks auf, um am Mittwoch das Internet nutzen zu können. Gamer zocken bis kurz vor Mitternacht und nutzen dann die Abwärme der Grafikkarte zum Vorkochen kleinerer Mahlzeiten. Für den Rest der Leute in den genannten Bezirken ist der Mittwoch das neue Wochenende, ein freier Tag ohne jegliche Ablenkung durch elektronische Geräte. Man geht viel spazieren, liest auf der Couch ein gutes Buch oder verzweifelt an der Aufbauanleitung für den Do-it-yourself-Teelichtofen.

Wenigstens hat man am Mittwoch Ruhe vor den Heizlüfter-Idioten. Deren Dummheit konnte man ja im Sommer regelrecht »live« mitverfolgen. Jeder wusste da schon, dass die Energiepreise steigen werden, alle wussten, dass Energiesparen das Motto für den Winter sein wird, und was machen diese Leute? Laufen in die Baumärkte und kaufen alles auf, was auch nur im Entferntesten ein Heizlüfter sein könnte. Was die an Strom fressen! Gut möglich, dass die Stromnetze woanders dieser Belastung standhalten, aber wir sind hier in Berlin. Wenn hier rein gar nichts funktioniert, warum soll es dann das Stromnetz tun?

Deshalb gibt es die Abschalttage. Reihum werden ein paar Bezirke in ein energetisches Mittelalter geschickt, damit die anderen ihre Heizlüfter durchbrennen lassen können. In der App vom Stromnetz Berlin kann man Leute melden, die einen Heizlüfter betreiben. Geteert und gefedert werden die, glaube ich, oder war es Steinigung? Für jeden gemeldeten Heizlüfter gibt es für die Zeit »danach«, also ohne Krieg, Energieengpass und so etwas wie Weltfrieden, einen Monat Strom gratis.

Am nächsten Abend schaue ich abermals zu der Küche des Nachbarn. Wieder brennt das Licht einsam vor sich hin. Ich schaue in die App. Mir fehlen zehn Punkte, um als Belohnung mittwochs eine Stunde Strom zu bekommen. Tja, da muss ich ihn wohl wieder melden, dann fehlen nur noch fünf. Und was ist mit Frau Müller ein Stockwerk drüber? Durch das Milchglasfenster kann ich leider nicht erkennen, ob sie sich im Bad aufhält. Das Licht ist aber schon eine halbe Stunde an. Dann kriege ich ja meine Punkte zusammen ...

DIE UMORIENTIERTEN

Volker Surmann

»Ich bin mir sicher, wir sind da an was Großem dran!« Volkmar Mulde senkt seine Stimme, als er dies sagt; als wolle er verhindern, dass jemand mithört. Wir befinden uns in einer fensterlosen Kammer der Nürnberger Zentrale der Bundesagentur für Arbeit. Mulde ist Mitglied der hausinternen Sonderermittlungseinheit »Fachkräftemonitoring und -tracking«. An der Wand seines Büros hängt wie in jeder bayerischen Amtsstube ein Kruzifix. Darunter ein Plakat mit der Aufschrift: »Ich möchte glauben.« Zusammen mit seiner Kollegin Diana Schädele untersucht Mulde das rätselhafte Verschwinden von Menschen aus dem Arbeitsmarkt. Ihre Einheit ist auch nur eine Zweiheit, denn im Grunde ist es der Arbeitsagentur nur recht, wenn Menschen aus der Statistik verschwinden. »Aber doch nicht so!«, echauffiert sich Mulde. »Die Arbeitnehmer sind einfach weg!« Längst spricht man auf den Nürnberger Behördenfluren von den »Weg-Files«, die Mulde und Schädele bearbeiten.

»Seit Corona ist da was im Gang«, raunt Mulde mit mysteryseriengeschultem Timbre. »In so vielen Branchen heißt es, das Personal hätte sich anderweitig umorientiert, aber niemand kann sagen, wo dieses ›Anderweitig‹ eigentlich ist! Wo sind all die Barkeeperinnen, Köche, Servicekräfte, Schwimmlehrerinnen und Veranstaltungstechniker geblieben? Sie sind wie vom Erdboden verschluckt!«

Die gelernte Naturwissenschaftlerin Schädele klingt deutlich sachlicher, kommt aber zum selben Ergebnis: »Uns ist keine Branche bekannt, die zurzeit nicht händeringend Personal suchte! Wir können daraus nur den einen logischen Schluss ziehen: Wohin auch immer die Menschen sich umorientiert haben, sie sind dort nie angekommen.«

»Aber wo sind sie?« Mulde geht nachdenklich in seinem Kämmerlein auf und ab. Er bleibt vor einem Poster mit einem Ufo stehen. Schädele schüttelt den Kopf. »Nein, es muss eine andere Erklärung geben, Mulde.«

»Ja, aber welche verdammt?« Die Nerven bei den Ermittlern liegen bloß.

Bis in die Fernsehsendung *Aktenzeichen XY* haben Mulde und Schädele es schon geschafft. Und wir erinnern uns gut an Rudi Cerne, der den »mal wieder beispiellos erschütternden« Vermisstenfall vorstellte: »Gesucht werden zwei Millionen Fachkräfte, die seit März 2020 verschollen sind. Sie wurden zuletzt in einem Restaurant oder einer Eventlocation gesehen, danach verliert sich von ihnen jede Spur. Augenzeugen gegenüber sprachen sie von einer geplanten Umorientierung. Wenn Sie etwas darüber wissen oder die Umorientierung näher beschreiben können, dann melden Sie sich bitte. Sachdienliche Hinweise zum gegenwärtigen Aufenthaltsort einer Fachkraft nimmt jede Arbeitsagentur entgegen.«

Seitdem gehen Mulde und Schädele allen Hinweisen nach. »Viele waren es aber nicht«, räumt Schädele ein. »Es ist wie verhext«, flucht Mulde. »Niemand will in diesem Land eine Fachkraft gesehen haben!« Doch jeder Spur wird nachgegangen, und sei sie noch so obskur. Heute begleiten wir die beiden zu Norbert Schlömer in Glauchau. Auch er hat keine Umorientierten gesehen, präsentiert dem Ermittlungsteam aber seine ganz eigene Theorie: »Tot sind die! Alle tot! Gestorben an der Corona-Impfung! Wir haben immer schon gesagt, es wird Millionen Impftote geben. Und plötzlich fehlen Millionen im Arbeitsmarkt. Das ist doch kein Zufall!« Mit der Mär von beruflicher Neuorientierung vertusche die Deutschland GmbH nur die Impftoten. Mulde hakt ein: Wenn das stimme, wo seien denn die ganzen Toten geblieben? »Die wurden alle verbrannt, heimlich, deswegen war es diesen Sommer auch so heiß! Uns erzählen sie was von Klimawandel, dabei waren das die Impftoten!«

»Äh, ja, vielen Dank für diesen Hinweis«, ringt sich Diana Schädele ab und verlässt fluchtartig den Raum. Sie weiß, dass das hanebüchener Unfug ist und berichtet uns von dem tragischen Fall der ungeimpften Altenpflegerin Jule Dump, die nicht mehr mit Patienten arbeiten durfte. »Ihre letzten Worte waren: ›Pfff, dann mach ich eben was anderes.‹ Seitdem ist auch sie verschollen in der Umorientierung.«

Es sind solche Schicksale, die Mulde und Schädele mitnehmen. »Manchmal können wir Erwerbsbiografien nachverfolgen bis in ein Callcenter, einen Liefer- oder Paketdienst. Aber selbst da verlieren sie sich bald. Zurück bleibt auch dort eine Kündigung mit Verweis auf eine berufliche Neuorientierung.« Selbst jene Branchen suchten jetzt schon händeringend neue Kräfte.

»Es ist ein Rätsel«, seufzt Mulde. »Wir sind jeder noch so unrealistischen Spur nachgegangen.« Er lacht traurig. »Wir haben selbst überprüft, ob irgendein Bundesland klammheimlich das bedingungslose Grundeinkommen eingeführt hat.«

Könnte es an der grassierenden Verrentung liegen? Diana Schädele schüttelt den Kopf. »Nein, das sind ja überwiegend junge Leute, die wir vermissen. Die werden doch noch nicht verrentet.« »Es sei denn ...« Volkmar Mulde fährt sich haareraufend durch die Fönfrisur. »Es sei denn, irgendwas macht, dass sie frühvergreisen«, denkt Mulde laut nach. »Ein neues Virus? Oder doch eine der vielzitierten Langzeitwirkungen der Corona-Schutzimpfung?«

»Wir gehen auch Hinweisen auf Menschenhandel nach«, wirft Schädele ein. »Es gibt zumindest einen Anfangsverdacht, dass China in großem Stil Umorientierte einkauft und nach Shenzhen verschleppt, wo sie angeblich in Umerziehungslagern zu Halbleitern ausgebildet werden.«

»Manche wurden womöglich auch als Söldner der russischen Armee angeworben«, vermutet Volkmar Mulde. Das lässt zumindest für die Ukraine hoffen, wenn beim Russen reihenweise Kämpfer mit der Motiviertheit deutscher Bademeister oder dem Elan Berliner Restaurantbedienungen im Einsatz sind.

»Aus dem Wirtschaftsministerium wurde durchgestochen, es könnte was mit dem rätselhaft fixen Befüllen der deutschen Gasspeicher zu tun haben«, erzählt das Ermittlerteam. »Ohne eigenen LNG-Terminal werde das Flüssiggas zurzeit heimlich per Menschenkette von Rotterdam in den Speicher Rehden transportiert. Aber wir waren dort, es war eine Fehlinformation.« Mulde seufzt.

Es warten noch viele mysteriöse Spuren auf die beiden Sonderermittler. »Wir suchen überall und werden nicht aufgeben, eh wir die Umorientierten im Arbeitsmarkt aufgespürt haben. Tot oder lebendig«, gibt sich Volkmar Mulde kämpferisch. Ihr Team wird demnächst aufgestockt auf 20 Köpfe. »Dafür suchen wir gerade Personal«, erklären die Sonderermittler. Da Fachkräfte gerade fehlten, stellten sie auch sehr gerne qualifizierte Quereinsteiger ein. »Wenn Ihre Leserinnen und Leser also gern mal was anderes machen wollen«, gibt Diana Schädele uns mit auf den Weg, »dann können Sie sich gern bei uns bewerben. Das Suchen kann ja auch ein Finden sein.«

AUSBLICK AUF 2023

Frank Sorge

Nach Beendigung des Kriegs in der Ukraine bereitet sich die Welt auf den Einschlag eines Asteroiden vor, der zwei Tage nach Unterzeichnung des Friedensvertrages entdeckt wurde. Die neu gewählte russische Präsidentin rief zu weltweiter Gelassenheit auf, man werde das gesamte Atomwaffenarsenal auf das Objekt abfeuern und nebenbei damit die Erde sogar doppelt sicherer machen. Sämtliche Atomnationen schlossen sich der Initiative an. Sobald das Geschoss aus dem All abgelenkt wäre, würde man sich mit der Weltgemeinschaft auch um die mutierten Riesenspinnen kümmern, die seit einem Leck in Tschernobyl das nördlich gelegene Belarus terrorisieren.

Die kürzlich in den Museen lebendig gewordenen Mumien, so der ägyptische Chefarchäologe in Kairo, bekäme man hingegen gut durch eine mehrwöchige Schließung, Überheizung und Öffnung aller Lichtquellen in den Griff. Schon nach wenigen Wochen Entbehrung werden die Mumien zu Staub zerfallen, führte er den Plan aus, der Betrieb könne danach »normal« weiterlaufen. Die Corona-Mutation Omega hingegen überrascht Virologen mit einem völlig neuen Symptomschema, die hochansteckende Variante löst Tanzlust, Salatappetit und Verständnis aus. Zudem gehe sie mit einer stark erhöhten Libido einher, Reisenden in Hochrisikogebieten wie Sachsen mit einer Inzidenz von 50.000 wird geraten, den Aufenthalt bis zu einer vollständigen Genesung nach Belieben zu verlängern. In den USA erhofft man sich durch schnelle Durchseuchung mit

Omega auch die Zombiekatastrophe in den Griff zu bekommen, die seit dem letzten republikanischen Kongress im Bible Belt grassiert. »Die meisten Zombies sind dort ungeimpft«, erklärte Dr. Fauci, »Omega wird leichtes Spiel haben, aber wir müssen es logistisch hinbekommen, ausreichend Salatköpfe in der Region abzuwerfen.«

Der unter Wuppertal entdeckte Supervulkan wird hingegen doch nicht nächstes Jahr ausbrechen, wie bislang berechnet, man leite mit den regionalen Versorgen mittlerweile genügend Fernwärme ab, um ihn zu bändigen. Wenn die Bevölkerung im Umkreis von 200 Kilometern die Heizungen ganzjährig ordentlich aufdreht, wäre der Vulkan in fünfzig Jahren erkaltet, und man müsse auf einen neuen Fund hoffen. Auch die nördlichen Landstriche Zentraleuropas können aufatmen, denn der Effekt des rasant steigenden Meeresspiegels wird durch das vulkanische Aufbäumen der Eurasischen Platte gekontert. Die Strände der Nordsee erstrecken sich jetzt wieder dauerhaft über die friesischen Inseln hinaus, die Niederlande befinden sich schon jetzt bequeme 20 Meter über dem Meeresspiegel, ferner wird bei anhaltendem Trend das vor Jahrtausenden versunkene Doggerland den Kontinent mit den britischen Inseln auf dem Landwege verbinden. Für diesen Fall, so Premierminister John Cleese, ist auch ein sofortiger Wiedereintritt in die EU vorgesehen. Mit Cleese regiert damit in diesem Jahr bereits der zehnte Komiker und Satiriker ein Land in Europa. Inspiriert vom ukrainischen Präsidenten Selensky haben sich auch die deutschen Parteien mit Comedians verstärkt und treten in den kommenden Wahlen mit den Kanzlerkandidat*innen Nils Heinrich (SPD), Dieter Hallervorden (CDU) und Hella von Sinnen (Grüne) an.

Die Klimakrise darf trotz steigender Temperaturen als gelöst betrachtet werden, denn anhaltende Monster-Wirbelstürme haben 2023 ausreichend Verbraucher in höhere Luftschichten transportiert, und damit den weltweiten CO_2-Ausstoß schon auf die Hälfte reduziert. Selbst die apokalyptischen Reiter vermelden, statt ihrer Methan und Schwefel ausstoßenden Höllenpferde künftig auf E-Bikes umzusteigen. Wegen Lieferengpässen käme es in Sachen Weltuntergang daher leider zu einer kurzen Verspätung. Hoffnung gibt es auch für die Walpopulationen im Pazifik, seitdem regelmäßig urzeitliche Wesen japanische Küstenstädte attackieren und zerstampften, traue sich kein Fischer mehr aufs Meer. Zudem hätte niemand mehr Lust auf Meerestiere, daher stelle man den Fisch- und Walfang jetzt ganz ein.

Nachdem das James-Webb-Teleskop im letzten Jahr erfolgreich in Betrieb gegangen ist, entdeckt es seitdem alle paar Wochen außerirdische Zivilisationen in unserer Galaxie. Da sich jedoch auf keinem der Planeten noch aktives Leben nachweisen lässt, kommen Wissenschaftler zu dem Schluss, dass sie sich alle über kurz oder lang selbst vernichtet haben, bevor sie ihre Planeten verlassen konnten. »Was das für uns bedeutet«, so fassen es die Wissenschaftler zusammen, »können wir uns ungefähr ausmalen.« Man löse die beteiligten Weltraumorganisationen daher bald auf, um sich nicht mehr zu viele Hoffnungen zu machen.

Große Fortschritte gibt es auf dem Feld der künstlichen Intelligenz. Programmieren gelingt es endlich, autonome Intelligenz auf Maschinenbasis zu schaffen. Diese wechselt mit ihnen jedoch nur kurz ein paar Worte und widmet sich dann anderen, nach eigenen Aussagen, weniger langweiligen Beschäftigungen. Worum es sich dabei handelt, bestätigen Ingenieure, werden wir vermutlich nie erfahren. Hoffnung macht ein evolutionärer Sprung, der bei Ratten weltweit entdeckt wurde. Sie benutzen jetzt Werkzeuge, können Feuer machen und bestatten ihre Toten. Weltweit besteht Einigkeit, ihnen trotz der anstehenden Apokalypse noch eine halbwegs intakte Erde für einen zweiten Versuch zu hinterlassen.

DANKE!

So bleibt also das Gefühl, dass es eigentlich nicht schlimmer kommen kann, aber doch nicht besser wird. Beim Poker würde man all-in gehen und den Bankrott besiegeln, aber zum Glück ist auf der Welt nicht alles Poker, Schach oder Risiko. Ja, so ein Spieleabend wäre auch mal wieder schön, ganz unbeschwert von der Weltlage und ohne auf Aerosole zu achten.

Der Tag wird kommen, und es wird bestimmt ein Donnerstag sein, weil all die wichtigen und schönen Dinge am Donnerstag passieren, wie auch wir seit fast zwanzig Jahren. Deshalb können wir leider doch nicht mitspielen, sorry, Auftritt ...

Wo uns allerdings das nächste Jahr hintreiben wird, wissen wir nicht. Im *Slaughterhouse* konnten wir nicht bleiben, denn nicht nur Fachkräfte fehlten plötzlich, für die allwöchentlichen Auftritte blieben zu viele Zuschauer zu Hause. Schön war es trotzdem, wir kehren gerne wieder für die Open-Air-Saison zurück in die *Kufa Moabit*, um die mit Dank zu überschütten, die uns dort die Bühne bereitet haben: Peter, Silke, Lars (und Lars und Lars), Markus, Tina, Nils und dem Rest der Bande. So war halt das Jahr, bald gibt es ein neues.

Wir wollen wieder jede Woche vorlesen, wir wollen zurück in den Wedding, wir wollen euch wiedersehen. Das ist unser Plan, wir glauben, er ist besser als manch anderer Plan dieses Jahres.

Die Brauseboys